私にもできる！お客様が世界に広がる！

ハンドメイド作家 海外販売ガイド

三田村蕗子
Fukiko Mitamura

同文舘出版

はじめに

海外にファンを増やしたい。
世界に自分のブランドを広めたい。
外国の市場を開拓して売上を伸ばしたい。

こう思ったことはありませんか？ 自分のハンドメイド作品を日本以外の国でも販売してみたい。外国の方に自分の作品を見てもらいたい、使ってもらいたい。海外販売の可能性やチャンスについて思いをめぐらせたことがあるという方は意外に多いのではないでしょうか。

しかし、実践している人となるとあまり多くはいません。海外販売の夢や希望を抱きながら、なかなか具体的な行動に踏み出せないという方が大半です。

それは、おそらくハードルが高いように見えるからでしょう。難所が多く、茨の道のように感じるからだと思います。

しかし、海外販売はいったん要領さえつかめばあまり難しくありません。すでにminne（ミンネ）やCreema（クリーマ）などの国内ハンドメイドマーケットプレイスへの出店経験やECの経験がある方ならなおさらです。

海外だからといって怖がることは何もありません。すでに作品や写真が手元にあるのなら、もう準備は整ったも同然です。ネット販

売の経験がない方や海外販売について考えたことがないという方も、この機会に海外に作品を売ることを前向きに検討してみませんか。

　日本のハンドメイド作家の作品はレベルが高いと思います。私は世界40カ国以上を旅して、実際に海外に住んだ経験もあります。その中で、たくさんのショップや雑貨を見てきましたが、日本のデザイナーやクリエイターたちがつくり出す作品は、完成度やきめ細かさ、デザイン性の高さで世界に誇れるものが多いと確信しました。

　いま日本はインバウンド需要が絶好調。2023年には2500万人を超える外国人が日本を訪れました。2024年はさらに増え、3600万人以上の外国人観光客の来日が記録されました。多くの外国人が日本の百貨店や専門店、ショッピングモール、路面店に足を運び、街を散策しながら買い物を楽しみ、デザイン性の高い機能的で可愛く気の利いた日本製の商品を手に取り購入しています。
　しかし、インバウンド需要を期待するのは、言ってみれば「待ちの姿勢」です。訪日外国人観光客の数はこれからも増え続けるかもしれませんが、あくまでマーケットは日本の中に限定されています。

　それではあまりにももったいない。あなたの作品には海外の人を魅了する要素がたくさんあります。海外にファンを広げる素地が十分にあります。海外の他のブランドと戦えるポテンシャルがあります。あなたの作品やショップの強みをもっと貪欲に活かしましょう。
　そう、こちらから海外のマーケットに乗り出すのです。
　お客様が"いつか"自分のブランドを知ってくれる日を待ち望む

のではなく、あなたのほうから能動的に主体的に海外に打って出る。そこに広がっているのは、日本とは比べものにならないほど豊穣なマーケットです。世界中の消費者が利用している大海原には無限のビジネスチャンスが横たわっています。

とはいえ、マーケットがあまりに広すぎるため、どこからどう攻めていけばいいのかわからないというのが正直なところかもしれません。道順、手順、要領がわからないと、最初の一歩を踏み出しづらいですよね。

でもご心配なく。大海原の波をスムーズにかき分けて進むことのできる環境がすでに用意されています。先端かつ使いやすいテクノロジーもあなたの味方です。

海外販売のお膳立ては整いました。必要なのはほんのちょっとの勇気と行動力。手順に沿ってショップを開き、コツをつかんでブラッシュアップを重ねれば必ず道は拓けます。

本書は、「海外販売に一歩踏み出したい人」を具体的なアクションへと導くサポーターでありアドバイザー。海外販売に必要な情報や手順、海外販売をスムーズに運ぶコツを紹介しています。

「読んだら勇気が湧いてきて、行動したくなってきた」「自分にも海外販売ができそうだ」。読んだ後にそんなふうに思ってもらえる実用的な情報を詰め込みました。

さあ、いまこそ海外販売をスタートしましょう！ 世界中のお客様があなたの出番を待っています。

私にもできる！お客様が世界に広がる！
ハンドメイド作家　海外販売ガイド

はじめに

1章　ハンドメイド作家が海外販売に挑戦すべき8つの理由

Lesson01　海外販売がしやすい条件や環境が整った！　　　　10
Lesson02　理由1：世界には巨大なマーケットが広がっている　　12
Lesson03　理由2：日本人の参加がまだ少ない　　　　14
Lesson04　理由3：スマホで作業が完結するアプリの登場　　　16
Lesson05　理由4：登録から出品まで日本語でOK！　　　18
Lesson06　理由5：テクノロジーで言語の壁をクリアできる　　20
Lesson07　理由6：発送作業はすぐにルーティン化　　　24
Lesson08　理由7：付加価値税や売上税に
　　　　　　　　まつわる負担はほぼゼロ　　　　26
Lesson09　理由8：空前の円安が続いている　　　　29
Lesson10　海外販売に挑戦しない理由はない　　　　32

2章　こんなにある！海外販売の選択肢

Lesson01　海外販売を実現する3つの方法　　　　34
Lesson02　代行サービスを利用できるminne　　　　37
Lesson03　Creemaを通して台湾や香港に販路を拓く　　　　40
Lesson04　海外販売に最適化されたプラットフォーム
　　　　　　（EtsyやPinkoi）を使おう　　　　43

CONTENTS

Lesson05 直営ショップ＝単独店で高利益率を目指す!? ── 48
Lesson06 単独で店を開くならShopify一択 ── 50
Lesson07 制約はあるけれどシンプルで使いやすい
　　　　　BASEの海外販売 ── 52
Lesson08 目的別のおすすめ海外販売方法 ── 55
Lesson09 海外販売の必需品6つ ── 57
Lesson10 写真はPinkoiやEtsyのアドバイスが参考になる ── 59
Lesson11 作品が完成する工程を見せる動画が効果あり ── 61

3章 世界一のハンドメイドマーケットプレイス Etsyにいざ出店！

Lesson01 マーケットが広く、入金も早いEtsy ── 66
Lesson02 セラーがデザインしたものに加えて
　　　　　セレクト品も販売可能 ── 68
Lesson03 トータルの手数料は約15% ── 71
Lesson04 セラーとバイヤーのアプリが別々だから使いやすい ── 74
Lesson05 まずショップ名を決めよう ── 77
Lesson06 40点分の出品無料ポイントがもらえる
　　　　　招待リンクを手に入れる ── 80
Lesson07 まずはアカウントを開設 ── 82
Lesson08 ショップの詳細を設定しよう ── 86
Lesson09 Etsyペイメントとペイオニアを紐付ける ── 96
Lesson10 支払い情報を入れ、ショップのセキュリティを強化 ── 99
Lesson11 ショップの体裁を整えよう ── 101

CONTENTS

Lesson12 プロフィール欄を使って自己紹介 ············ 103
Lesson13 バナーとショップアイコンでショップを充実化 ············ 105
Lesson14 英文で「ショップからのお知らせ」を作成 ············ 108

4章 Etsyならではの便利な機能と注意点

Lesson01 いくつもの商品情報を一括で変更できる ············ 112
Lesson02 テキストの追加や削除、置き換えも楽々 ············ 115
Lesson03 スムーズに一気に商品価格を変更できる ············ 120
Lesson04 商品やカテゴリーごとに送料を変えてみる ············ 122
Lesson05 お客様への英文メッセージもテンプレートで楽々 ············ 124
Lesson06 お客様に確実に連絡を取る方法 ············ 128
Lesson07 オプション機能を使ってギフトラッピングを提供 ············ 129
Lesson08 統計データを使いこなして販促につなげよう ············ 132
Lesson09 明細書と領収書を同封しよう ············ 135
Lesson10 ショップをお休みするときには ············ 138
Lesson11 ビューを落とさず、事実上お休みにする秘訣 ············ 140
Lesson12 フォーラムで交わされている
　　　　　同業者の意見は参考になる ············ 142
Lesson13 広告を打つのは簡単、その効果は!? ············ 144
Lesson14 高レビューをこつこつ蓄積&スターセラーを目指す ············ 146
Lesson15 同一人物からの複数メールにはすべて返信する ············ 148
Lesson16 キャンセルしたいと言われたら ············ 150
Lesson17 Etsyサポートとのチャットで問題を解決! ············ 152

CONTENTS

Lesson18 バイヤーとセラーを守る「Etsy購入保護プログラム」 154
Lesson19 Etsyの注意点 ①到着日表示が短い!? 156
Lesson20 Etsyの注意点
②「勝手に外部広告」のメリット・デメリット 159
Lesson21 Etsyの注意点
③そのメッセージは本当にEtsyの運営サイドからですか? 161
Lesson22 詐欺サイト、パクリサイトの出現に要注意! 163

5章 これさえわかれば海外発送も楽々

Lesson01 海外発送の選択肢 166
Lesson02 荷物を追跡できる国際郵便で送ろう 168
Lesson03 送料無料にする? それとも有料? 170
Lesson04 事前に商品のHSコードを確認 172
Lesson05 送り状の発行方法 176
Lesson06 送料を抑えるアイデアあれこれ 182
Lesson07 代行会社を使う方法 184

6章 お客様との英語のやりとりが楽しくなる!

Lesson01 AI自動翻訳ツールを駆使して
英語の心配を吹き飛ばそう 186
Lesson02 対話型のChatGPTを使えば英文も思いのまま 189

CONTENTS

Lesson03　ChatGPTは無料と有料、どちらがいい？ ……… 191
Lesson04　翻訳ミスを抑える3つのコツ ……………………… 193
Lesson05　お客様との主なやりとりでの英語対応 …………… 195
Lesson06　海外販売でいますぐ使える英文例 ………………… 198

7章　海外にファンを増やすコツと楽しさ

Lesson01　VPNに接続して自店の立ち位置を確認 …………… 204
Lesson02　質問や問い合わせ、クレームには誠実に対応しよう … 207
Lesson03　運営側のおすすめには素直に従うのが得策 ……… 209
Lesson04　海外ファンのレビューは熱い ……………………… 210
Lesson05　もし悪いレビューがついてしまったら …………… 214
Lesson06　クオリティとホスピタリティが揃えば必ず道は拓ける … 216

※本書の内容は2025年1月現在のものです。各プラットフォームやツールには仕様変更が生じる場合もございますので、最新情報をご確認ください。
※本書にあるドル表記は米国ドルです。

カバー・本文デザイン／池田香奈子
イラスト／ノダマキコ

1章

ハンドメイド作家が海外販売に挑戦すべき8つの理由

Lesson |01|

海外販売がしやすい条件や環境が整った!

　現在、ハンドメイド作家の大半は作品の販売プラットフォームとして、すでに minne や Creema を利用しているのではないでしょうか。たくさんのファンを獲得し、大きな数字をあげている方も多いと思います。

　私は長年、モノづくり関連のイベントボランティアを行なってきたため、そうしたハンドメイド作家の方と知り合う機会が多く、「この人の作品は素敵だな」「こちらの会社の商品なら海外でも絶対に売れそう」と感じるたびに、次のようにお声がけをしてきました。

「海外でも販売してみてはどうですか」
「海外でも売れると思いますよ」
「海外のマーケットも開拓しましょうよ」

　しかし、「すでに海外でも売っています」という方はあまりいません。一方、だからといって、海外販売を全否定されているわけでもないのです。
「できたらいいけれど、○○が苦手で」
「やってみたいと思いますが、○○がこわくて」
「いつかはやりたいけれど、○○が面倒そう」

ほとんどがこうした回答です。要するに海外販売には興味があるけれど、何らかの不安を抱えているので躊躇している。もし問題が解消されるならチャレンジしてみたいという方が多いのです。

では、海外販売を妨げている"○○"とは何なのでしょう。ハンドメイド作家の懸念は大きく3つに分けられます。

・言語（英語）
・問い合わせやクレーム（返品やキャンセルなど）
・発送

言語の壁、返品やキャンセルが多いのではないかという不安、発送作業の煩雑さ。海外販売にはどうしてもこのような心配がつきまとうようです。

確かに、3、4年ほど前までは言語の壁は高かったかもしれません。発送作業やお客様とのやりとりも面倒だったかもしれません。

しかし、いまは違います。すでに海外販売をしやすい条件や環境が用意されています。躊躇せずに「海外販売に挑戦すべき」時代がやってきているのです。

Lesson |02|

理由1：
世界には巨大なマーケットが広がっている

　ハンドメイド作家が海外販売に挑戦すべき理由は8つあります。本章でひとつずつ説明しましょう。

　日本で取引されているハンドメイド作品の市場規模はどれぐらいあると思いますか。少し古いデータになりますが、一般社団法人日本ホビー協会がまとめた『ホビー白書 2019年版』によれば、ハンドメイドマーケットサイトの2018年の流通総額は195億円でした。つまり、minneやCreemaなどで取引されているハンドメイド作品の金額の総計は195億円だということです。

　この『ホビー白書』には、縮小するホビー市場にあってハンドメイドマーケットは「成長が続いている数少ないカテゴリー」と記されていました。コロナ禍で巣ごもり需要が拡大し、ハンドメイドマーケットプレイスをはじめ、EC（ネット通販）は全般的に大きく成長しています。『ホビー白書』2019年版から6年が経過したいま、仮に年率20%の伸びで市場が極めて順調に拡大してきたと仮定すると、2024年の流通総額は582億円規模になります。

　それなりに巨大なマーケットに思えますが、**実は世界と比べるとちっぽけと言わざるを得ません**。ハンドメイドマーケットプレイスを代表するアメリカのEtsy（エッツィー）と比較してみましょう。

Etsyの2023年のGMS（総商品取引高）は13億1600万ドル。日本円に置き換えると約2兆円に達しています。販売されている商品の点数は1億点以上。バイヤー数（Etsyで購買している人）は9600万人、セラー（ショップ）数は約900万件を誇ります。

　各マーケットプレイスの訪問者数や売上データに基づいてランキングを提供しているWebretailer（イギリス）の調べでも、Etsyは2023年の世界のオンラインマーケットプレイスの売上トップ10の6位にランクインしていました。こんな世界中の人々が利用している巨大な市場を見過ごす手はありません。

　しかも近年、**日本のハンドメイドマーケットプレイスは商品単価の下落傾向が見られます**（特にminne）。消耗戦で疲弊しているハンドメイド作家は多いのではないでしょうか。だったら思い切ってポテンシャルのある雄大なマーケット＝海外市場に目を向けてみませんか。

世界には広大な
マーケットが待っている！
チャンスをつかもう！

Lesson |03|

理由2：
日本人の参加がまだ少ない

　先ほど、「ハンドメイド作家の方に海外販売の予定について尋ねると、躊躇する人が多い」と述べました。それは、身近に海外の販路開拓に成功している人（個人店）が少ないせいかもしれません。

　Etsy に日本から出店しているショップの数を調べてみました。Etsy の販売者向けに SEO やキーワードリサーチ、競合分析、商品リサーチのツールを提供しているプラットフォーム Koalanda（https://koalanda.pro/）によれば、日本のセラー数は約 7300 件。国別のランキングでは 40 位にとどまっています。

　ちなみにトップ 20 は以下の通り。

```
 1位  アメリカ          11位  オランダ
 2位  イギリス          12位  ポーランド
 3位  カナダ            13位  ウクライナ
 4位  オーストラリア    14位  アイルランド
 5位  ドイツ            15位  マレーシア
 6位  フランス          16位  イスラエル
 7位  インド            17位  ポルトガル
 8位  トルコ            18位  香港
 9位  イタリア          19位  ニュージーランド
10位  スペイン          20位  ギリシャ
```

1位のアメリカは全体の70%を占めています。Etsy自体がアメリカ発のプラットフォームなので、ある意味当然と言えば当然の結果ですが、日本のセラー数が40位というのはあまりにも少ないと思います。

　英語を母語にしないヨーロッパ以外の国では、インドが7位、トルコが8位、マレーシアが15位に入っています。ちなみにアジアのくくりで見ると、18位には香港、21位にはタイ、29位にはフィリピン、33位にはインドネシア、35位にはベトナム、39位には中国がランクインしています。

　このランキングを見ると、やはり海外販売に踏み出している日本のショップは非常に少ないと言えそうです。言語の壁があるとはいえ、経済力や文化の成熟度、ハンドメイド作品のクオリティの高さを考えると残念な結果です。
　逆に言えば、いまがチャンスです。ECの世界には先行者利益があります。もちろん、早く店を出せばそれだけで絶対に有利とは言い切れませんが、先に店を開き、実績を重ね、地道に高レビューを獲得していけば大きなアドバンテージになることは間違いありません。

Lesson |04|

理由3：
スマホで作業が完結する
アプリの登場

　3つ目の理由としてあげたいのは、ハンドメイド作品の海外販売を容易にする仕組みが整ってきたことです。

　10年ほど前までは、海外販売をしようとしてもその道筋は極めて限られていました。世界最大のオンラインショップ、Amazon.com（USA）に出品するか、あるいはグローバルオークションサイトとしてスタートし、いまやAmazon.comに次ぐECサイトに成長したeBay（イーベイ）に出品するか。あるいは自ら英語のネットショップを立ち上げるか。規模の大きな会社だったら商社や代理店にお任せするか。考えられる方法はこれぐらいでした。

　しかし、Amazon.comもeBayも個人での出品はそう楽ではありません。英語を使い、ルールに沿って商品を出す手間は煩雑で、eBayの場合にはリミット（出品できる価格と数の枠）を申請する必要もあります。

　Amazon.comやeBayへの出品について多くの日本語の解説書が出版されているのは、それだけ独自の仕組みの理解が難しく、一つひとつ課題をクリアしていく必要があったからです。

　しかし、いまはもう違います。2023年からはeBayのアプリは日本語対応になりました。スマホアプリを使えば以前よりスムーズに出品できます。

日本の minne や Creema、海外のハンドメイドマーケットプレイスの Etsy や Pinkoi（ピンコイ。台湾発、アジア最大級のデザイナーズ通販マーケット）も同様です。一部作業には PC が必要ですが、**ほとんどの作業はスマホで楽にできるようになりました。**

購入者もスマホ経由が大半です。2023 年 8 月に経済産業省が発表した「令和 4 年度　電子商取引に関する市場調査報告書」によれば、物販系 EC におけるスマホ経由の市場規模は全体の約 56% を占めています。これは日本のデータですが、世界的に見ても同様の傾向でしょう。

売る側も買う側もスマホアプリ経由。海外販売に関する手間や難易度はスマホのアプリ登場前と登場後に分けられる、と言っても過言ではありません。便利で手軽なスマホアプリを駆使して海外販売にチャレンジしましょう。

スマホがあれば
いつでもどこでも
管理できる!

Lesson│05│

理由4:
登録から出品まで
日本語でOK！

　ハンドメイド作家の海外販売をもっとも阻害している要因。それは英語かもしれません。日本人の多くは英語に苦手意識を持っています。中学高校（プラス大学）で英語の勉強をし、文法を理解して英単語の語彙もそれなりに持っているにもかかわらず、苦手だと感じている人は少なくありません。

　しかし、出店や出品に際して心配は無用です。日本からの出品者を増やすために、**EtsyやPinkoiなどの海外のハンドメイドマーケットプレイスは日本語のままでほぼ出店できる体制を着実に整えている**からです。

　画面も日本語なら、操作方法も日本語です。いざハンドメイドマーケットプレイスにアカウントをつくろう、作品を登録しようと思い立ったのはいいけれど、手続きに必要な画面や操作方法のすべてが英語表示では心が折れてしまいますが、そうしたことはありません。

　Etsyのダッシュボード（ショップ管理ツール）の画面を見てみると、商品情報、メッセージ、注文＆発送、統計、成長に関するヒント、ファイナンス、マーケティング、ヘルプに至るまで、項目はすべて日本語で並んでいます。これはスマホアプリにおいても同様

です。

　Pinkoi も、minne や Creema とほぼ同じ感覚で利用できます。商品管理、注文管理、キャンペーンへの応募、購入リスト、メッセージ、クーポンといった項目が日本語でずらり。これなら困る場面はほとんどないと思います。

　日本発のプラットフォームよりもユーザビリティが高く、機能が豊富に揃っています。それでいて日本語で操作できるのです。少し大げさかもしれませんが、英語の壁は消失したも同然です。

▪ Etsy 管理画面のイメージ

Lesson | 06 |

理由5：
テクノロジーで言語の壁をクリアできる

　前項で「登録から出品まで日本語で手続きができる環境が整ってきた」と述べました。とはいえ、お客様とのやりとりはほぼ英語で行なわなければなりません。

　海外のハンドメイドマーケットプレイスに店を出すと、まれにスペイン語やフランス語で問い合わせがくるケースもあります。台湾発のハンドメイドマーケットプレイスであるPinkoiでは中国語の繁体字でメッセージが届くことがよくあります。

　しかし、**基本はあくまでも英語**です。英語ができればスペイン語やフランス語は言語的にも似ているので翻訳は楽。台湾や香港のお客様も英語を使う方が多いのです。

　つまり、英語の使用は不可欠だということ。例えば、お客様から作品や納期について詳しく聞かれたり、荷物の遅延について尋ねられたりしたら、とにかく英語で回答しなければなりません。

　と、ここまで不安になることを書いてしまいましたが、大丈夫です。心配はいりません。**先端的のテクノロジーが英語の苦手意識を解消してくれます。**

　3年ほど前までよく使われていたのが、**翻訳に特化したツールである「DeepL」**（ディープエル）です。それまでGoogle翻訳を使

用していた人にとっては DeepL はまさに救世主。問題がないわけではありませんが、Google 翻訳よりも翻訳の精度が高く、英語に悩める人をたくさん救ってきたと思います（いまは Google 翻訳も進化しています）。

そして、2023 年には決定打が登場しました。生成 AI の「ChatGPT」です。**ユーザーと会話をすることを目的に開発された ChatGPT は対話型**。「この文章を英訳して」「日本語にして」と指示を出すと（プロンプト）、すぐに翻訳してくれます。

内容に満足がいかない、あるいはもっと違う表現がほしい、丁寧な表現にしてほしいという場合にはさらに指示を出しましょう。指示に沿った回答が得られます。

ChatGPT の驚異的な点は、**文章として不自然な点が極めて少ないこと**にあります。生成 AI の出現によって海外販売の敷居は一気に下がりました。

例えば、お客様から以下のようなメッセージが届いたとしましょう。

I've just moved to another apartment and would like to change the delivery address. Is it possible?

これを ChatGPT で日本語訳するようにプロンプトを出すと、瞬時に次のような日本語が表示されます。

引っ越しをしたので配達先住所を変更したいのですが、可能でしょうか？

この問い合わせに対して、「商品の発送前ですから住所変更は可能です。新しい住所をお知らせください。ご連絡お待ちしています」という返事を書くとすれば、日本語の文章を入力し「英語に翻訳して」とプロンプトを出しましょう。すぐに次のような英文が現われます。

Since the product has not been shipped yet, it is possible to change the address. Please let us know the new address. We are looking forward to your response.

相手はお客様なのだから失礼がないようにできるだけ丁寧な英文にしたいと思うのであれば、「丁寧な表現の英語にしてください」というプロンプトを追加します。
この場合に翻訳された英文は以下のとおりです。

We are currently preparing to ship your order. Since the product has not yet been dispatched, we can accommodate a change of address. Kindly provide us with the new address at your earliest convenience.

表現を変えたいと思ったら、即、プロンプトに適切な指示を加えればいいわけです。

ただし、注意点もあります。変な英語やこちらが意図しない英語に訳されることもたまにあります。とはいえ、ほとんどは使い方のコツをつかめばクリアできます。翻訳サービスの詳しい使い方やコツについては6章に譲りますが、「英語がわからない」「日本語を英訳するのが難しい」「翻訳に手間がかかりすぎる」といった悩みのほとんどはテクノロジーの力によって解決できます。

　書いてある英語はそこそこ読めるけれど、口で言われたらわからない。英語のメールがどっと押し寄せてきたら到底読みきれない。先まわりをしてあれこれ心配してしまうのは日本人の国民性かもしれませんが、**最先端の翻訳ツールをあなたの有能な右腕として活用しましょう。**テクノロジーの力を駆使して、英語の苦手意識など吹き飛ばしてください。

　未体験という方は一度、翻訳ツールを使ってみませんか。対話型のChatGPTは使いはじめるとクセになります。
　グーグルから投入された「Gemini」（ジェミニ）もおすすめの翻訳AIツール。日本語を英語にした場合、ChatGPTよりもややエモーショナルな表現が多い印象です。
　便利で有能な翻訳ツールを使って、思いついた日本語のフレーズや文章、日本語で読んでみたかった英語の記事などを日本語に翻訳すると、そのスピード、その精度、その滑らかさには誰もがびっくりすると思います。百聞は一見にしかず。まずはご体験を。無料版でも驚きの体験ができます。

Lesson |07|

理由6:
発送作業はすぐにルーティン化

　日本国内であれば発送に関する不安は100%ないと思います。ヤマト運輸でも佐川急便でもゆうパックやクリックポストでも、災害などよほどのことがない限り、ほぼ確実に予定日時に到着します。普通郵便に関してだけは以前と比べるとずいぶん日数がかかるようになってしまいましたが、追跡番号をつけられる荷物であれば予定通りにちゃんと届きます。

　では、海外に商品を送る場合にはどうなのでしょう。はたして安心に送れるのか、ちゃんと届くのか、遅延が多く発生するのではないのか。このような不安を持つ方も多いと思います。海外への発送業務は、言語と並んでハンドメイド作家の海外販売を阻む要因のようです。

　正直なことを言えば、遅延や紛失は日本よりはあるかもしれません。しかし、**追跡番号がつけられる方法で送れば大丈夫です**。料金は高くなりますが、**日本郵便のEMSや書留付きの小形包装物**で送りましょう。Web上でいまどこに荷物があるのか確認できるのでお客様も安心できます。

　肝心の発送業務はどうなのでしょう。国内の宅配便ほど楽でないことは確かです。5章で詳しく解説しますが、日本郵便を利用する

場合には国際郵便マイページのアカウントをつくり、そこから送り先の住所や内容品などをいちいち入力して、送り状をプリントアウトする必要があります。

送り状には署名も必要です。しかも1箇所ではなく4箇所、国によっては5箇所にサインをしなければなりません。送り状を入れるパウチも郵便局から手に入れ、危険物リストというペーパーにもチェックを入れます。

このように宅配便と比べると若干手間はかかりますが、**面倒くさいなと思うのはおそらく最初のうちだけ。すぐに慣れます。**ルーティン化します。淡々と作業をこなせばできあがり。EMSであれば、郵便局が集荷に来てくれるのでこちらから持参する手間もありません。

追跡番号をつけた荷物が遅れることは本当にないのか、という質問を受けることもありますが、荷物がいつまでたっても税関から動かない、郵便局に保留されたまま動きがない、というケースはまれにあります。予定よりも遅延するケースです。

ただし、全体の数から言えば1％以下でしょうか。いったん日本から発送したら、もうこちら側からは打つ手はありません。お客様には荷物のステイタスがわかるリンクとともに「お待ちください」と丁寧に伝えて、商品到着を待っていただきましょう。

Lesson | 08 |

理由7：
付加価値税や売上税にまつわる負担はほぼゼロ

　海外で買い物をすると、国や州によってVAT(Value-added Tax／付加価値税＝消費税)を取られます。日本と同じように10%のところもあれば、イギリスやフランスのように20%の国もあります。スウェーデンやノルウェーでは25%もの消費税が発生します。アメリカでは多くの州で、商品やサービスの販売に対して売上税（Sales Tax）が課されます。

　では、Etsyを使って商品を海外に販売した場合、付加価値税や売上税の扱いはどうすればいいのでしょうか。作家自身が税金を計算して徴収し納付しなければならないのでしょうか。だとすれば面倒ですよね。

　この問いへの答えは次の通り。Etsyの場合、EUやイギリスの付加価値税については**Etsyが自動的に計算し、徴収して納付します**。オーストラリアでは付加価値税（10%）はGSTと呼ばれていますが、流れとしてはEUと同じです。アメリカの売上税は州によって異なりますが、すべてEtsyが計算し、徴収して納付します。

　要するに、お客様が多い主要国については**セラー側（出品者）の手間はゼロ**。価格を設定してEtsyに商品を出品したら、付加価値税や売上税に派生する作業はすべてEtsy側で担ってくれます。これはPinkoiにおいても同様です。

売り手側に特に煩雑な手間が生じないのは、海外販売を前提に開設されているハンドメイドマーケットプレイスならではの利点です。

なお、Etsy が対応しない国や地域もありますが、ほとんどの国はカバーされていると考えてください。

セラーは税関申告書を正しく記入し、インボイス（郵送状）を添付して荷物を発送することが前提です。と言ってもルールに則って書類をまとめるプロセスはまったく難しくありません（詳しくは5章をご覧ください）。

ちなみに、単独で海外販売のネットショップを立ち上げる場合には付加価値税の処理が必要ですが、海外販売に最適化された EC プラットフォームの Shopify（ショッピファイ）を使えば、付加価値税や売上税を自動的に計算し、購入者に課すことができますが、納税はショップ側が行ないます。

関税に関してはどうなのか。配送先の国によっては、バイヤー（買い手）に関税（輸入消費税・立替手数料など含む）が請求される場合があります。海外からモノを買ったことがある方なら経験された方もいるでしょう。商品がはるか異国からようやく届いたと思ったら、予期せぬ関税がかかり、支払いを求められるというケースです。関税については国や州によっても異なるので、一概にいくらとは言えませんが、ヨーロッパでは関税がかかるケースが多いようです。

ただし、**関税については購入側の負担が原則です。**Etsy でも

Pinkoi でも、輸入者（受取人）であるバイヤーが関税を負担するのがルール。このルールはサイトに明文化されています。もし、商品を購入した海外のお客様から「関税の支払いを求められた」「なんとかしてほしい」「少し負担してほしい」というリクエストが届いても、セラーがそれらに応じる義務はありません。問い合わせがあれば、ルールとして掲載されているページの URL を貼って、丁寧に事情を説明するといいでしょう。

　まとめてみます。海外販売向けのハンドメイドマーケットプレイスで商品を販売する場合、付加価値税や売上税の徴収や納付についてはマーケットプレイスの運営側が行ないます。関税については購入者負担が原則。これを知って肩の荷が下りた。そんな気がしませんか。

　ちなみに海外販売に代行会社を介在させている minne や、対象国を台湾と香港に限定している Creema は関税の処理は必要ありません。詳しくは 2 章で述べています。

ショップが行なう
税金処理は
ほとんどないのが安心

Lesson |09|

理由8：
空前の円安が続いている

　8番目の理由は副次的なもの、おまけとして考えてください。

　いま、空前の円安が続いています。**海外販売にとって間違いなく有利な材料です。**なぜ円安は日本から海外に商品を販売しようとするときに有利なのでしょうか。2021年の1月1日から海外販売をスタートした10ドルの商品を例にあげて考えてみましょう。

　当時、ドル円は103円でした。それから3年後の2024年1月1日、ドル円は141円です。3年の間に円はドルに対して38円も安くなりました。売価を変えてはいないのに、当初日本円では1030円だった商品が3年後には1410円になったのです。

　円安はその後も続き、2025年1月1日には1ドル157円に達しました。10ドルの商品を日本円に換算すると1570円。発売当初と比較すると540円もの開きがあります。

　"モノ＝商品"としてはまったく同じです。ドルで設定した売価も変えてはいません。それなのに為替レートの変動で日本円が上下してしまう。これは国をまたいで販売する製品ならではのマジック。**円安は輸出品の利益を増やす追い風です。**

　もっとも円安がこの先もずっと続くとは限りません。為替は変動

するものだから、円の価値が上がることも十分考えられる。そう思われる方も多いと思います。

　為替レートの見通しは難しく、金融のプロでもなかなか当てることはできません。2023年末には多くの専門家が2024年は円高になり、ドル円は130円程度になると予想していましたが、この予想は見事に外れました。

　2024年7月中旬にはドル円は160円を切り、2025年1月現在に至るまで155〜158円をうろうろとしています。

　日銀の為替介入により、一気に5円ほど円高に進むことも年に数回はあります。

　だからといって、5年前の数字（1ドル110円）にまた戻っていくとは考えにくいと私は思います。

　円安の理由として日米の金利差がよくあげられますが、**円はドルに対してだけではなく、他の通貨に対しても安くなっています。**ユーロや英国ポンド、オーストラリアドルやカナダドルも、アジアではタイのバーツや台湾ドルに対してもみな円安の状態です。

　残念ながら円安は金利差だけではなく、日本の経済力の弱体化、国際貿易収支の悪化、とりわけデジタル赤字が露呈した結果ではないでしょうか。一時的には円高になり、1ドル150円、140円に落ちる事態もあるかもしれませんが、再び1ドル110円にまで戻るとは思えません。

　円安は、輸入品が高くなる、海外旅行をしづらくなるといったデメリットはありますが、こと海外販売に関して言えば絶好のチャン

ス。海外販売を検討している方を大きく後押しする要素です。

　ただし、為替レートばかりを気にしていると心穏やかではいられなくなるので要注意。私の予想が外れることも大いにありえます。2025年1月、アメリカはトランプ政権がはじまりました。任期中の4年間、何が起きるかは予測不可能です。1ドル110円が160円になったのですから、もう一度110円に戻る可能性もゼロとは言えません。

　結局、円安や円高は副次的な要素としてとらえるのが一番なのです。「できれば円安がいいなあ」「円安になったらラッキー」「円高になっても仕方がない」「売価（ドル）を上げてもお客様に価値を認めてもらえるようにショップや商品を頑張ってブラッシュアップしよう」。そんな気持ちでショップの運営にあたってみませんか。

▪ドル-円為替の推移

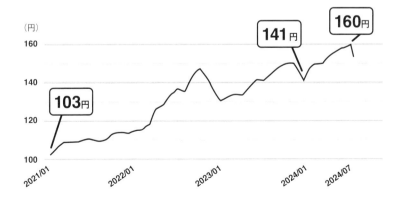

Lesson |10|

海外販売に挑戦しない理由はない

　ここまで海外販売に挑戦すべき8つの理由を述べてきました。世界には日本とは比較にならないほど広大なマーケットが広がっていること、人口比で考えると海外販売をスタートしている日本人はまだ少数派であること、海外販売をはじめやすい仕組みが整備され、日本語でも出品しやすくなっていること、言語の壁を乗り越える最先端技術が登場し、発送や税金の処理についても実はそう難しくはないこと、そして海外販売に有利な円安が続いていることがおわかりいただけたでしょうか。

　海外に販路を切り拓きたい。海外に自分のブランドのファンをつくりたい。そうした秘めた思いを実現させるのにこれほどベストの時期はありません。もう機は熟しました。あとは行動あるのみです。

　でもやっぱり不安があるし、要領がいまひとつわからないし、手順が面倒くさそうという方は次章を続けて読み込んでいってくださいね。きっと勇気が湧き上がり、挑戦してみようという気持ちが膨らんでいくと思います。
　よし、もう実行するしかないという方は、おすすめのEtsyへの具体的な出店方法を紹介している3章へいきなり飛んでください。気持ちが熱くなっているうちに行動に移すことが大事です！

2章

こんなにある！
海外販売の選択肢

Lesson |01|

海外販売を実現する3つの方法

　海外販売と一口に言っても選択肢はいろいろ。本書では世界最大のハンドメイドマーケットプレイスであるEtsyへの出店をおすすめしていますが、他にもオプションはあります。Etsyをはじめる前に、まずは国内のハンドメイドマーケットプレイスで試す、あるいはアジアを代表するPinkoiからはじめてみるというアプローチもアリです。海外の人に向けたネットショップを単独で立ち上げるという選択肢も考えられます。本章では、海外販売を可能にする方法を合わせて紹介しましょう。

　海外販売には次の3つの方法があります。

①日本のハンドメイドマーケットプレイスから海外に売る

　日本企業であるminneやCreemaを通して海外に販売する方法です。対象国が限られるという制約があるため、商品やブランドの魅力をグローバルに広めることはそう簡単ではありませんが、手間としては一番楽。心理的な負担も少ないと思います。

②海外のハンドメイドマーケットプレイスに出店する

　2つ目の方法は、海外のハンドメイドマーケットプレイスへの出店です。国内販売を主眼に構築されているminneやCreemaと違

って、そもそも海外への販売や海外からの集客を目的に立ち上げられているため、海外販売にまつわる煩雑な手間がほとんど発生しません。サイト自体も非常に使いやすくできています。何より世界中のマーケットに商品を送り出すことができます。本格的に海外販売を考える方には断トツでおすすめの方法です。

③単独で英語対応のネットショップを開く

　3つ目の方法が、英語対応のネットショップを開く方法です。単独での運営ですから、手数料が下がり、利益率は高くなります。しかし、モールの中に出店する形の①と②の方法とは違って、独自にお客様を海外から集めなければなりません。競合が激しいECの世界で、個店の認知度を上げていくにはSEO対策など並々ならぬ努力が必要です。SNSなども駆使してショップのブランド力を上げ、ファン層を幅広く広げていく覚悟と行動が求められます。

　この3番目の方法は、まずはEtsyのようなハンドメイドマーケットプレイスに出店して知名度を上げ、ファンをつかんだ上でチャレンジするというハンドメイド作家が多いようです。楽天やヤフーショッピングなどのモールに出店し、固定客をつかんでから直営のネットショップを開くという流れと同じです。

　本章ではここから、3つの方法のそれぞれの手順をご紹介します。
　まずは、日本のハンドメイドマーケットプレイスから海外に売る場合です。日本で生まれたハンドメイドマーケットプレイスの代表格がminneとCreema。どちらかと言えば若い世代の利用が多く、低額品が数多く出品されているminneに対して、Creemaは比較的

ユーザー層が幅広く、高単価なモノもよく売れているといった違いはありますが、どちらもハンドメイド作家なら使って当然、有力で頼もしいプラットフォームです。

そのminneとCreemaがいま、ハンドメイド品の海外販売のサポートに注力していることをご存じでしょうか。次項からそれぞれのアプローチについて説明しましょう。

▪ ハンドメイドマーケット　海外販売の比較①

	minne	Creema	Etsy	Pinkoi
運営会社	GMOペパボ	クリーマ	Etsy	Pinkoi
流通金額	129億円（2023年）	165.8億円（2023年）	130億ドル（2023年）	ー
作家・ブランド数	91万件	26万件	9200万件	5万件
作品数	1741万点	1645万点	6000万点以上	ー
出店料	無料	無料	15ドル	無料
月額費用	無料	無料	無料	無料
出品料	無料	無料	1点につき0.2ドル（4ヶ月）	無料
販売（取引）手数料	注文（作品価格＋購入オプション価格＋送料）」に対して10.56%（税込）	作品・素材：11%（税込）、フード：一律15.4%（税込）、台湾・香港サイト一律21%（税込）※+1取引あたり42円（税込）	（商品＋送料）の6.5%	15%＋15台湾ドル
入金手数料	無料	無料	入金金額の6%+0.3ドル	無料
振込手数料	220円	3万円未満：176円、合計金額3万円以上：275円、PayPay銀行55円	無料（ドルから円に1〜2.5%の為替手数料が発生）	45台湾ドル
売上金の支払い	月末締めの翌月末振込	振込申請した月の翌月末振込。申請日の翌日に振り込まれるスピード振込あり（手数料は振込対象金額の3.56%税込）	前週分を翌週月曜日にPayoneerの口座に振込。日本の銀行に送金するには3〜4日要（実質的にほぼ翌日）	月末締めの翌月20日振込

2025年1月現在

Lesson |02|

代行サービスを利用できる minne

2章 こんなにある！海外販売の選択肢

minneでは2023年5月から海外への発送が可能になりました。流れとしては、海外のお客様がminneに出ている商品を購入したい場合には、minne公認の代行サービス「**WorldShopping**」や「Neokyo」「Bibian」「Doorzo」「ZenMarket」を経由します。

WorldShoppingを例にあげましょう。利用ブラウザの言語設定を「日本語」以外にしている海外のお客様がminneのサイトにアクセスすると、現地に応じた言語のWorldShoppingのポップアップ画面が表示されます（台湾の場合はBibianのポップアップ）。英語圏なら英語のポップアップが、フランス語圏ならフランス語のポップアップが登場するわけです。WorldShoppingの詳しい使い方もそのポップアップに記載されています。

お客様がWorldShoppingを通して購入を依頼すると、その内容がWorldShoppingを運営する株式会社ジグザグに届き、「**ユーザーID：wsbiz**」からの注文がminneのWebサイトに入ります。

このユーザーIDから注文が入ったということは、海外からの購入があったということ。通常の国内販売と同じように指定された国内の住所に商品を発送すると、ジグザグがあなたに代わって海外ユーザーの元へ商品を発送します。

海外のお客様は代行サービスとしてNeokyoのサイトやDoorzoのアプリも利用できますが、もっともわかりやすいのはWorldShoppingだと思います。販売手数料も通常とまったく同じ。国内発送なので、海外配送用の送料を別に設定する必要もありません。セラーには特別の負担が発生しない代わりに、**購入したお客様が代行サービスの利用代金として商品合計価格の10％のサービス料を負担します。**

　こうした代行サービスを使った海外販売はセラーにとっては負担もリスクもなく、非常に便利でわかりやすい仕組みです。

　ただし、ショップページがそのままではアクセスできるのは限られたお客様のみです。海外のお客様が購入された際の決済や商品発送に関して特に手間がかからないからといって、商品ページが日本語のままでは外国に住んでいても日本語がある程度わかるお客様にしか理解してもらえません。

　翻訳ツールの精度がどんどん高まっているので、文章をコピペさえすればショップに表示されている日本語を母語に変換するのは簡単ですが、最初から海外のお客様を想定して英語や中国語などで商品説明がなされているお店と、日本語の表示しかないお店のどちらが利用しやすいかといえば圧倒的に前者でしょう。

　minne側も、**商品ページに簡単でもいいから英語や中国語での商品説明文を追加することを推奨しています。**もっとも、多言語の説明を加えてしまうと、メインのお客様である日本人にとっては読みづらいページになってしまいます。日本語の下に英語、中国語が延々と連なっていると見づらいですよね。

そこでminneが提案しているのが、**海外のお客様向けに多言語の商品説明文を記載した「限定公開ページ」**の作成です。SNSなどで「限定公開ページ」のURLを共有し、購入につなげていく方法です。この「限定公開ページ」は商品一覧や検索結果には掲載されません。ランキングの表示やお気に入りに登録することもできず、レビューの掲載も不可。「最近見た商品」に表示されることもなく、限定的ではありますが、SNSの効果は侮れません。海外ファンを開拓するために取り入れてみてはいかがでしょう。

WorldShoppingのような代行サービスを使うことで間違いなく海外販売のチャンスは広がりました。とはいえ、現状の仕組みでは制約が多いこともまた事実です。「限定公開ページ」に出ている商品を購入できるのは、限定公開の商品URLを知るお客様だけ。インスタグラムやTikTokなどSNSを活用して限定ページを告知し、海外の方の目に留まるような努力が欠かせません。

▪ minneの海外販売の仕組み

Lesson |03|

Creemaを通して
台湾や香港に販路を拓く

　対象を台湾や香港だけに絞って海外販売するという限定的な方法であれば、ぜひともおすすめしたいのがCreemaです。

　Creemaは2016年から海外展開の第1弾としてCreema台湾・香港版を立ち上げ、多くの作家がショップを開きました。コロナ禍で一時、新規出店申請を中止していましたが、2021年から再開。審査をクリアすれば台湾と香港への販売は可能です。

　審査にあたって重視されているのは以下の点です。

・日本版Creemaにおける実績
・販売中商品数
・商品画像の品質、枚数
・商品の機能や魅力が伝わる商品紹介文、商品画像

　逆に以下の場合は、審査に通りにくくなります。

・画像が暗い
・ピントが合っていない
・加工しすぎている（色味や明るさ、文字）
・背景の色味が強い
・写真の縦横サイズが小さい、写真の枚数が少ない

これらの審査基準は、やはり開設に審査制度を設けている台湾生まれのハンドメイドマーケットプレイスのPinkoiの基準とよく似ています。逆に言えば、Creemaの審査基準をうまくクリアできれば、グローバルに通用すると考えていいでしょう。

　海外販売の手続きとしては、管理画面の「ショップ設定」の項目から「**海外販売申請**」をクリックします。審査を通過すると、Creemaから「[Creema] 海外販売申請の審査が完了いたしました（承認）」というタイトルのメールが届きます。そうしたら海外向けに送料を設定しましょう。海外配送用テンプレートを作成し、商品に一括適用します。

　海外配送用テンプレートは、配送方法やサイズ・重量、地域別の配送料、追跡／補償の有無、配送方法名を記入するだけ。国内の配送用テンプレートとやりかたはほぼ同じですから、すでにCreemaに出品しているという方なら楽に行なえると思います。

　最後に忘れずに行ないたいのが、出品フォームの最下部にある「**中国語版掲載のチェックボックス**」です。ここをチェックして、出品が完了すれば中国語版掲載と販売がスタートします。ただし、これらの一連の作業はアプリではできません。PCあるいはスマホでもブラウザを立ち上げて、**ウェブからの手続きが必要です**。

　発送はセラー自らが行ないます。海外への発送方法については5章をご覧ください。Creemaが推奨しているのは日本郵便のEMSです。CreemaのサイトにもEMSでの配送方法について詳しい情

報が出ているので参考にしてください。

　商品ページに中国語を書き入れる必要はありません。というのは、海外のお客様はサイト上の自動翻訳ボタンを使って、機械翻訳された中国語を読むことができるからです。
　とはいえ、機械翻訳ですから決して正確ではないでしょう。精度を高めるために、Creemaでは次のようなアドバイスをしています。
・文章はできるだけ短く端的にまとめる
・口語表現をやめる、くだけた表現はしない
・流行語や略語、一般的でない言い回しは使わない
・「てにをは」を省略しない
・句読点をしっかり使う
・長い言い回しを避ける
・誤字、脱字をチェック
・多くの意味を持つ言葉は避ける
　これらは翻訳ツールを使うときに非常に役に立つポイントです。比喩表現などを巧みに使ったテキストで商品を紹介したいという方も少なくないと思いますが、グローバルでの販売を考えるならシンプルイズベスト。**簡素でありながらブランドの世界観や商品のよさ、クオリティ、個性が伝わる文章を考えてみてください。**

　いまのところ、Creemaには中国版があるのみで、英語版の予定はまだないようですが、Creemaのセラーであれば中国語圏への敷居は本当に低くなりました。Creemaに出店している方は、まずはここからスタートしてみてはいかがでしょうか。

Lesson│04│

海外販売に最適化されたプラットフォーム（EtsyやPinkoi）を使おう

海外販路を本格的に開拓したいと考えるなら、第1の選択肢はこの「海外のハンドメイドマーケットプレイスに出店する」方法です。既存のモノにはない独特の個性があり、温かみがある商品やブランドを探している消費者は世界中に存在しています。**グローバルなビジネスを志すのであれば、EtsyやPinkoiを使うのが最適解です。**

どちらも、最初から海外販売を前提にプラットフォームが構築されているので、付加価値税の徴収や納付など海外販売にまつわる煩わしさがありません。出店や出品の要領も日本語で説明されています。

また、商品写真だけではなく動画もアップできる上に、セラーへのアドバイスや情報も日本語版が豊富に用意されています。支払い方法も実に多彩です。各種クレジットカードやペイパル、アップルペイ、グーグルペイなどさまざまな方法に対応しています。

また両者ともに、自分でデザインしたポスターやポストカードなどのダウンロード商品の販売も可能です。

ここで、それぞれの特徴をまとめてみましょう。

< Etsy >
・10言語、21通貨に対応

・商品写真は最大 10 点＋動画 1 点
・優良店を評価するスターセラー制度あり
・テンプレートを使えばバイヤーとのやりとりも簡単
・送料設定が簡単で特急料金もプラスできる
・商品情報や送料の変更が容易
・商品バリエーションを増やしやすい
・セラー向けのハンドブックが豊富
・セラーが情報交換できるフォーラムあり（ほぼ英語限定）
・統計ツールが充実
・アプリが使いやすい
・商品が到着しない、破損していた等の場合に Etsy が全額返金する購入保護プログラムあり

　このようにセラーにとって使いやすく、ユーザーインターフェースに優れているのが Etsy です。何より、世界最大のハンドメイドマーケットプレイスなので、海外のファンを増やすにはこれ以上の場所はありません。
　サイトの使いやすさも卓越しています。minne や Creema に出店済みという方なら難なく使いこなせるはずです。Etsy の使い方やコツについては 3 章と 4 章で詳しく解説します。

＜ Pinkoi ＞
・5 言語、12 通貨に対応
・アジアの台湾・香港・中国大陸・日本・タイの 5 大市場がメイン
・出店は審査制

- 審査を通過するための「商品写真規約」がわかりやすい
- 審査制度があるためサイト全体のクオリティが高い
- セラー向けのデザイナーズガイドが充実
- オンラインキャンペーンやオフラインのイベントを積極的に開催
- オンライン勉強会を定期的に開催
- 商品写真は動画１点を含めて最大９点
- カテゴリー別商品説明の英訳テンプレートが便利
- 商品説明でよく使われる単語や文章の中国語、英語、日本語、タイ語の比較表あり

　Pinkoi もサイト全体が非常に使いやすくできているので、出品のプロセスで戸惑う場面はほとんどないと思います。

　セラーをサポートする勉強会やオフラインのイベントのほか、デザイナーズガイドが充実しているのも Pinkoi の大きなメリットです。最近はあまり更新されていないのが少し残念ですが、過去記事には「Instagram ストーリーズを活用してフォロワーの心をつかもう！　ネットショップを運営するブランドが知るべき５つのコツ」「ソーシャルメディアマーケター必見：Pinkoi 独自のデザインテンプレートを利用した Instagram ストーリーズのプロモーション術を大公開！」など、SNS の活用方法を紹介した記事がいくつも紹介されています。

　この Pinkoi にショップを開くには、申請ページに必要事項を記入し、プロフィールを 500 字以下でまとめて、商品写真を５点以上アップします。写真は 1000px（ピクセル）以上の正方形が条件。

審査結果は 7 営業日以内に届きます。

　「審査制といっても落ちるなんてことはないだろう」と思っていたら大間違い。Pinkoi の審査は楽観視できません。実は落ちてしまう人が少なくないのです。**審査に落ちる場合、ほとんどの場合は写真がネックです。**

　Pinkoi においては写真が非常に重要な要素。独自の世界観を守るためにショップごとにムラが出ないよう、写真の質にウエイトを置いています。そのため、写真が Pinkoi の求める一定のクオリティやテイストを満たしていなければ店を開かせてもらえません。
　でも大丈夫。商品写真規約をちゃんと読み、条件を満たせば審査は通過できます。商品写真規約については該当サイトを見ていただくのが一番ですが、その内容をここでざっと紹介しておきましょう。

・フレームや白い縁取り、画像編集ソフトやアプリで複数の写真を 1 枚にするといった加工はアウト
・写真の四隅を暗くする、過度に光をあてる、ぼかし、フィルタ加工なども NG
・実物がある商品の場合（デジタルコンテンツ以外の場合）、実際に商品を撮影した写真の使用を推奨
・2D や 3D デザイン図、イラスト、スキャンデータの掲載は非推奨

　要するに " 加工は NG" ということです。アプリやフレームなど加工ツールに頼らず、自然光中心で商品を明るく撮影し、背景や構図も含めて全体の統一感を出しましょう。

ありがたいことに、審査に落ちた場合に Pinkoi は「落ちました」とメールで連絡するだけではなく、**「どうすれば審査に通るか」も丁寧に教えてくれます。**「身近な物を使ってできる！ ワンランク上の商品写真撮影術」など、デザイナーズガイドの記事のリンクも貼ってくれるので、参考になること必至です。コツをつかんで「写真再提出　申請フォーム」から再度申し込みましょう。審査に落ちた人もほとんどの場合、二度目の審査で無事通過しています。審査を通過できなくても落胆することなくチャレンジしてくださいね。

Pinkoi からのアドバイスは他のハンドメイドマーケットプレイスや自社のネットショップにも応用できます。Pinkoi 出店を機に、自分の商品の魅力をしっかりと伝えられるナチュラルな写真術をぜひモノにしましょう。

Lesson |05|

直営ショップ＝単独店で高利益率を目指す!?

　オンラインモールにテナントとして出店する方法以外に、自らネットショップを立ち上げるという方法もあります。現実の世界にたとえるなら、イオンのようなショッピングモールに出るのではなく、小さな路面店として勝負をかけるというアプローチです。ただし、海外販売に必要な要素を備えていなければなりません。
　その要素をあげてみましょう。

・多言語対応
・多通貨対応
・多彩な決済方法に対応
・国や地域ごとの関税・税金の計算
・注文や配送などのやりとりをサポートする仕組み

　海外に売るのですから、少なくとも英語表記は不可欠です。アメリカやイギリス、オーストラリアなどの英語圏の国以外のユーザーも、英語表記であれば見に来て買い物をしてくれる確率が高まります。

　また、**購入者の国に合わせた通貨を利用できる仕組み**も欠かせません。基本の価格設定としては米ドルで行ない、その商品をイギリ

スの人が見たら英国ポンドで、フランスやスペインの人が見たらユーロで表示される仕組みがあれば、その商品の価値を理解しやすくなります。

　決済方法も 1 種類だけでは十分とは言えません。 クレジットカードやペイパル、アップルペイやグーグルペイなど決済方法の種類が多ければ、商品をカートに入れた後に離脱される確率が下がります。

　関税や税金の計算が自動的に行なわれる仕組みも必須です。 世界の多くの国が商品やサービスに付加価値税や売上税をかけていますが、それぞれの税制についてリサーチし、税金を計算するのは大変です。自動的に計算できる機能が搭載されている EC サービスを使いましょう。海外販売の手間がまったく違います。

　さらに言えば、お客様からの問い合わせや注文、配送時などのやりとりを簡素化できるラベルやテンプレートも備えておいたほうがいいでしょう。単独店がクリアすべき課題はたくさんあります。

すべてを自分で
準備しなくてはいけない
直営ショップの壁は高い

Lesson | 06 |

単独で店を開くなら
Shopify 一択

　ここまであげた海外販売に「必須の機能」と「あると便利な機能」を兼ね備えているのが、**オンラインストアを簡単に作成・管理できるカナダ生まれのプラットフォーム、Shopify**（ショッピファイ）です。その特徴をあげてみましょう。

・175 カ国以上で利用
・e コマースソフトウェアプラットフォーム市場のシェア 10%
・175 万人以上のマーチャント（店舗オーナー）
・利用しているオンラインストア数は 560 万店舗以上
・総商品取引量（GMV）2359 億ドル
・8000 種類以上のアプリで機能を拡張できる
・多言語・多通貨のアプリあり
・海外のクレジットカードも含めて多彩な決済方法が可能

　初期費用は無料ですが、月額費用がかかります。もっとも安いプランの「スタンダード」が 33 ドル（年払いにすると月 25 ドル）。円安の中、日本人には高くなるばかりですが、自分でネットショップを開設し、本格的に海外販売に挑むのであれば Shopify 以上の選択肢はないと思います。

Shopifyについてはすでにたくさんの解説書が出ています。セミナーなども頻繁に開かれているので、Shopifyでの店の開き方などについては本書では取り上げませんが、これだけは言えます。間違いなく海外販売に最適化したプラットフォームです。

ただし、日本語化が進んできているとはいえ、アプリの多くは英語版です。あまり手を加えないのであれば問題はありませんが、サイトをもっとカスタマイズしたい、よりオリジナリティを持たせたいという方には少し難易度が高いかもしれません。

Lesson | 07 |

制約はあるけれどシンプルで使いやすいBASEの海外販売

　BASE（ベイス）はネットショップを開設できる日本生まれのサービスです。役割としてはShopifyと同じ。初期費用無料、商品登録数が無制限という点も両者に共通する点です。ネットショップを簡単に開くことができる多彩な機能も導入しています。

　シンプルで簡単、という点では圧倒的にBASEでしょう。商品と商品写真が手元にあればいますぐにショップを立ち上げられます。minneやCreemaに出店しつつ、BASEで単独のネットショップを開いているという方も多いと思います。ECの初心者にとっては非常に使いやすいサービスです。

　BASEの特徴としては、**アプリを追加して機能を増強できる**点があげられます。しかもアプリのほとんどは無償で、費用が別途発生しません。無償のアプリのひとつが「**英語・外貨対応App**」です。このアプリを導入すると、ショップページや購入完了メールなどに表示される文字をお客様が英語に切り替えることができるようになり、価格も現地通貨に換算されます。利用可能な外貨は34種類。BASEでは、国ごとに送料を商品単位で設定できる「送料詳細設定App」も揃えています。

また、有料にはなりますが、**「海外販売代行 App」**をインストールすると、海外からの注文受付後の対応を代行事業者に依頼することもできます。注文の受付から海外向けの商品の梱包、配送、さらには問い合わせへの対応まで、海外販売の経験を豊富に持つ代行事業者がまとめてサポートしてくれるこのサービスを使えば、海外発送に伴う業務は発生しません。

　「海外販売代行 App」の利用料金は月額980円。加えて、出荷1件ごとに利用料金がかかります。商品が売れたら国内の代行業者に発送します。海外出荷手数料は300円から（60サイズ・梱包料込み・海外送料別）。費用は発生しますが、海外販売の初心者にとってはとても便利なサービスでしょう。

　ただし、「英語・外貨対応 App」を利用しても、英語表記に切り替えられるのは注意文などの自動で表示される固定のテキストのほか、「プライバシーポリシー」「特定商取引法に基づく表記」「カートに入れる」「詳細を見る」といった項目のみです。商品名や商品説明などのテキストは英語化されません。お客様に英語で情報を届けるには、**英語を併記する作業が不可欠**です。

　もうひとつのデメリットが、価格の設定が「日本円」を基本としていることです。BASE でつくったネットショップをアメリカに住む人が見た場合、そのときの為替レートでドル変換された金額が表示されます。

　例えば、1万円の商品を販売したとしましょう。ドル円のレートが150円のときには、66.6ドルと表示されますが、円が安くなり1

ドル160円になった場合には、商品価格は62.5ドルとなります。現在の円安の状況を考えると、ドルで設定できたほうがセラーにとっては断然メリットがあります。ドルで見ているお客様からすれば価格はまったく変わらないのに、セラーの売上（日本円）は上がっていくからです。

　もちろん今後、円高にシフトする可能性も否定できませんが、BASEで海外販売を行おうとする場合には、以上の2つの点は留意しておく必要があるでしょう。

▪ハンドメイドマーケット　海外販売の比較②

	Shopify	BASE
運営会社	Shopify Inc.	BASE
初期費用	無料	無料
月額費用	ベーシックプランは29ドル（年払い）〜39ドル	スタンダードプランは無料、グロースプランは月額16850円（年払いの場合）
出品料	無料	無料
決済	Shopifyペイメント	海外からの注文はPayPal
決済手数料	3.25〜3.55%	スタンダードプランは3.6%＋40円、グロースプランは2.9%
取引手数料	Shopifyペイメントは無料	スタンダードプランは3%、グロースプランは無料
入金手数料（振込）	Shopifyペイメントは無料	2万円未満：750円（事務手数料500円を含む）2万円以上：250円
売上金の支払い	入金サイクルを毎週に設定すると、注文日から5営業日以降の金曜日	振込申請から10営業日に入金

2025年1月現在

Lesson | 08 |

目的別の
おすすめ海外販売方法

　以上、海外販売をする3つの選択肢を紹介しましたが、目的別におすすめの方法を独断でまとめてみました。

・負荷がない形で台湾・香港に足場を広げたい　➡ Creema
・SNSで告知をかけ限定した商品を海外に届けたい　➡ minne
・台湾や香港などアジアを中心に海外販売に挑戦したい
　➡ Pinkoi
・プラットフォームの力を借りてグローバルに販売したい
　➡ Etsy
・技術的な努力やSNSでの拡散なども怠らず、アグレッシブに海外に販売したい　➡ Shopify
・英語併記をいとわず、シンプルに海外販売をスタートしたい
　➡ BASE

　いかがでしょうか。あなたはどのタイプですか。どの方法にも一長一短があります。Creemaは簡単に海外販売をはじめやすいものの商圏が限られます。特定の商品だけを海外に売り込むというのであればminneがいいかもしれません。
　アジア圏を中心に狙うのであればPinkoiが一押しです。サイトのつくりがよく、感覚的に操作できて、何よりサポート体制がしっ

かりしています。運営側と日本語でのやりとりが可能な点はPinkoiの特筆すべきメリットです。

　プラットフォームの力を借りて世界にチャレンジするなら、やはりEtsyでしょう。日本語の情報が増えてきたといっても、深いところの情報に触れようとすると英語が求められますが、翻訳ツールの精度が上がったことで、この問題はかなり解消できるようになりました。

　手数料をできるだけ抑えたい、独自の道を切り拓きたいという方にはShopifyを推奨します。デザイン性も高く、自分のブランドの世界観を具現化するテンプレートや機能がたくさん用意されています。ただし、使いこなそうとすると技術的にやや難しくなる点は覚悟したほうがいいでしょう。BASEは「シンプルイズベスト」の発送で海外販売に臨む方向きだと思います。

　手間の少なさを優先するのか、商圏を重視するのか、ユーザーインターフェースに重きを置くのか。それぞれの目的に合った方法から海外販売をスタートさせてくださいね。

Lesson | 09 |

海外販売の必需品6つ

プラットフォームは違っても海外販売をはじめるにあたって用意すべきものは同じです。

1. ハンドメイド作品（商品）
2. 作品画像＆動画
3. ショップアイコン＆バナー
4. 銀行口座
5. プリンター
6. 身分証明書（パスポートか運転免許証 ※ Etsy はパスポート）

「1.ハンドメイド作品」は何点ほど準備すべきなのでしょうか。Etsyでは1点以上、Pinkoiでは5点以上としていますが、少なすぎるとショップとして体をなしません。

1点からでも出品は可能なものの、ショップとしての品揃えを考えると最低でも10点は用意したいところです。

「海外向け」を意識すると、なにか「和」のテイストがある作品を出したほうがいいように感じます。現在の作品とは別のテイストのモノを用意したほうがいいのかもと考える方も多いようです。しかし、そこに時間がかかってしまうといつまでたってもスタートで

きません。

　とにかくまずははじめてみましょう。スモールスタートでもいいではないですか。スタートした上で反応を見ながらテイストを変えたり、新しい作品をつくったり、写真を変えたり、試行錯誤を重ねながら自分の店の最適解を見つけていきましょう。

　「2.作品画像」の点数はプラットフォームによって異なります。Etsyなら10点まで、Pinkoiなら9点まで（動画を含む）。画像は作品の魅力を伝える武器です。余すところなく上限まで活用しましょう。
　画像サイズについてはプラットフォームごとに確認が必要です。画像のクオリティや撮り方については各プラットフォームが丁寧なアドバイスページを設けているので、必ず目を通してください。

Lesson |10|

写真はPinkoiやEtsyの
アドバイスが参考になる

　写真の撮影については先述したように、審査を通らなければ出店できないPinkoiのページやCreemaの海外販売の審査条件がとても参考になります。特にPinkoiは、「Pinkoi zine」というブログがあり、その中の**「デザイナーズページ」は作品の撮影時の参考になる情報やコツの宝庫です。**

　Pinkoiには独自の世界観があるため、自分のブランドや作品のテイストとはちょっと異なると感じることもあるかもしれませんが、撮影時の照明のアイデアやスマホを使った撮影のコツなど、他のプラットフォームでも応用できる知恵やヒントがたくさん掲載されているのでぜひチェックしてみてください。

　なお、審査制度は設けていませんが、Etsyも写真に関しては次のようにポイントをまとめています。

・十分な光とシンプルな背景で撮影された作品の全体写真
・作品の細かいディテールを際立たせるアップの写真（アップの写真により素材の品質や質感を表現し、作品のディテールを見せることが可能に）
・作品の大きさがわかるよう、よくあるアイテムやモデルと一緒に撮影した写真

・作品が実際に使用されているイメージを撮影したライフスタイル写真

　写真画像は見ている人を購入へと誘う強力な導線です。作品の大きさや色、素材感、特徴や個性などを伝え、思わずクリックしたくなるような写真を撮影しましょう。
　自分がこの作品を手に入れたらどんな気持ちになるか、どんなシーンで使いたくなるか。使用イメージをリアルに喚起させる写真、作品の魅力を強力にアピールできる写真を準備してくださいね。

Lesson｜11

作品が完成する工程を見せる動画が効果あり

「2.動画」もプラットフォームで許される限りはぜひアップしてほしいと思います。動画は作品の機能や使い方を明確にわかりやすく伝えられるツールです。写真にはない力があります。難しく考えず、まずはスマホで撮影してみてください。

ただし、アップロードする際には定められた時間内に収めることが必要です。**Etsyの場合、動画は3〜15秒間。**アップロードされると音声は含まれません。最低解像度は500pxとなっていますが、理想的な解像度は少なくとも1090px。縦横比は2：1、もしくは1：2に決められています。

難しそうに思えるかもしれませんが、秒数圧縮もスマホアプリで簡単に行なえます。iPhoneならすでに搭載されている「iMovie」、外部アプリなら「CapCut」や「VLLO」がおすすめ。ビギナーにも操作しやすいはずです。

動画撮影で大切なポイントは**何を伝えたいのかという目的を明確にすること。**ジュエリーやアクセサリーなら**「着用したらどのように見えるのか」**が伝わるシーンを撮影する、使い方に少しコツがいる作品であるならば**「使い方がよくわかるシーン」**を撮影すると効果的です。もしあなたが売りたい商品がヴィンテージ品なら、傷や

スレ、凹みなど経年変化の状態や箇所がはっきりとわかるように動画を撮りましょう。写真においても言えることですが、正直に伝えるのが一番です。クレーム防止にもつながります。

また、アトリエや工房など、**作品をつくる工程や作品ができあがるまでのバックステージがわかる動画**もお客様に響きます。完成するまでの複雑な工程、繊細な仕上げのプロセスが確認できる動画もおすすめです。

「3.ショップアイコン＆バナー」の用意も忘りなく。おすすめは、**オンラインのグラフィックデザインツール「Canva」**。プロがデザインした、Etsyに使えるショップアイコンやバナーの**テンプレートが豊富に**揃っています。自分だけのオリジナルデザインを作成してショップの魅力を際立たせましょう。

「4.銀行口座」については言うまでもありません。**注文が入れば売上があがり、手数料を引かれた金額が指定の銀行口座に振り込まれます。**なお、Etsyの場合には、有効なクレジット、デビット、またはチャージ可能なプリペイドカードの登録が必要になります。クレジットカードの情報が最新の状態になっていることを確認した上で登録してください。

「5.プリンター」は、海外に発送する際の送り状や納品書の印刷に用います。登録はWebからできても送り状は紙でプリントアウトし、荷物に添付しなければなりません。プリンターと用紙の準備

をお忘れなく。

「6. 身分証明書」は Etsy のみ必要です。運転免許証とパスポートを用意しましょう（98 ページ参照）。

必要なものを用意したら、さあスタートです。海外販売のおおまかな流れはどれもほぼ同じです。

①アカウントを取って店を開く
②出品する
③注文が入る
④注文のお礼メッセージを送る
⑤指定している納期までに送り状を作成し商品を発送する
⑥追跡番号を記して発送完了の通知をする

　店を開いたからといってそう簡単に注文は飛び込んではきません。どれぐらいの時間がかかるかはショップによって異なります。
　しかし、手を休めずに、商品情報やタグ、写真などの見直しを丁寧に続けていれば目に留めてくれるお客様は必ず現われます。
　売れるまでは助走期間だと考えて、同じような商品を扱っている他店のやり方なども参考にしながら改善を図りましょう。個性的で魅力的、思わずわくわくする、使ってみたくなる。そうした作品を世界各地のハンドメイド作品ファンが待っています。そのニーズをつかみとり、ファンを世界中に広げていってください。

3章

世界一の
ハンドメイドマーケットプレイス
Etsyにいざ出店!

Lesson | 01 |

マーケットが広く、入金も早いEtsy

　本章ではEtsyについてさらにフォーカスし、特徴や強み、出店の手順を紹介します。

　Etsyは2006年にアメリカ・ニューヨークで誕生した世界最大のハンドメイドマーケットプレイスです。2023年のGMS（総商品取引高）は13億1600万ドル（約2兆1000億円）。**バイヤー数（Etsyで購買している人）は9600万人。セラー（ショップ）の数は約900万店におよび、1億点以上もの商品が出品されています。**ほぼ世界中の国で利用されているEtsyは、地球全体を舞台にしたマーケットプレイスと言っても決して大げさではありません。

　取引を円滑にするためにEtsyが導入している独自の決済システムが「**Etsyペイメント**」です。このシステムを経由すればセラーはクレジットカードをはじめ、多彩な決済方法を利用できます。

　もっとも、日本はこのシステムに対応できなかったために、2021年から2年半ほど出店したくても出店できない状態が続いていました。例外は、2021年4月末以前にEtsyに出店していた店です。早くから店を開いていた日本のセラーはペイパルのみを決済方法として、そのまま店を運営することができていました。

　しかし、ようやく日本も2023年10月にEtsyペイメントが解禁になりました。そう、門戸は開かれたのです。出店したい人は（規

定の条件さえクリアすれば）誰でも Etsy に店を開けます。

　バイヤーが多いことはもちろん、**入金の早さも Etsy の大きなメリットと言っていいでしょう**。前の週の売上は翌週月曜日（日本時間の火曜日）に「Payoneer」（ペイオニア）の口座に振り込まれます。後述しますが、このペイオニアとは Etsy ペイメントを利用する上で必ず開設する必要があるオンライン決済サービスです。

　Etsy からペイオニアの口座に送られている金額はドルベース。ペイオニアでは、日本円に替えて、日本の銀行口座に振り込むときに要する日数を3〜4日かかるとしていますが、ほとんどの場合、翌営業日には日本の指定口座に振り込まれます。

　日本の minne や Creema は月末締めの翌月末払い。一方、Etsy ならば前の週の売上が早ければ翌週の水曜日には手にできる。このスピードはハンドメイド作家には非常に助かる仕組みだと思います。

週単位ですぐに入金されるのがEtsyのメリット

Lesson | 02 |

セラーがデザインしたものに加えてセレクト品も販売可能

　Etsyではどのような商品を販売できるのでしょうか。手づくりではなく、機械を使って生み出した商品も出品できるのでしょうか。
　答えは「YES！」。販売可能なのは次のような商品です。

＜セラーによる制作物＞
・完全なハンドメイド作品
・手作業で組み立てたモノ
・3Dプリンターやコンピュータ化で制御した工作機械で制作したモノ

　セラーによる制作物といっても、組み立て家具やレゴセットのように製造メーカーの指示通りにセラーが組み立てた商品や、市販されているベースのアイテムに市販のステッカー、スタンプやラインストーンなどを簡単に貼り付けられて装飾を施したモノは含まれません。
　「セラーが制作したモノ」という定義の完璧な線引きは難しいですが、**Etsyが重視しているのはセラーによるクリエイティビティやオリジナリティがあるか否か**です。
　次のような商品も販売できます。

＜セラーによるデザイン＞
・セラーが独自にデザインしたダウンロード商品
・委託生産パートナーが制作したセラーのオリジナルデザイン
・セラーがプロンプトを出したＡＩ商品

＜セラーによるセレクト＞
・つくられてから少なくとも20年以上経過したヴィンテージ品
・自然界からセラーが個人的に発見または栽培した、ひとつしかない自然の商品
・セラーが個人的にセレクトし、クリエイティブな包装を施して新規のユニークなセットに仕上げた異なる種類の商品をアソートしたギフトバスケット

＜セラーによる調達＞
・ハンドメイド用クラフト素材
・パーティ用品
・委託生産パートナーが制作したパーソナライズ商品、独自のテキストやイメージを使用して委託生産パートナーが制作した商品（セラーオリジナルのロゴをプリントしたＴシャツやマグカップなど）

　これらはEtsyサイトの「Etsyで販売できるものは何ですか」というページに詳しく出ています。
　Etsyに出ているショップを見てまわるとわかりますが、ハンドメイドマーケットプレイスといってもラインナップは非常にバラエ

ティに富んでいます。率直に言えば、「これありなの？」と思うモノもないではありません。例えば、日本の可愛い文具や雑貨をセレクトして販売しているショップはうなるほどあります。自分ではつくれないけれど、独自の世界観に基づいたセレクトショップを開いて海外に売っていきたいという方には有望なチャネルと言えるでしょう。

とはいえ、「**人の手による工夫**」**が重要視されている**ことは忘れるべからず。ポリシーを満たさないと判断されれば、その商品はEtsyから削除されてしまう可能性があるので要注意です。

セラーハンドブックの中には、Etsyが考えるクリエイティビティスタンダードについて詳しく述べている記事（「Etsyならではのクリエイティビティビジョンの実践」）があります。2024年7月9日にアップされている記事がいまのところの最新版。一度は目を通しておくことをおすすめします。

▪ **Etsyで売れているカテゴリーのトップ6（2023年）**

1位	ホームウェア＆ホームファニシング
2位	ジュエリーとパーソナルアクセサリー
3位	アパレル
4位	クラフト資材
5位	紙やパーティ用品
6位	玩具とゲーム

（Capital One Shopping調べ　2023年）

Lesson | 03

トータルの手数料は約15%

ハンドメイド作品だけではなくセレクト品も販売できるのはわかった。オリジナリティが大事であることもわかった。じゃあ手数料はどれぐらい取られるの？ 誰もが気になる点ですよね。どんなに商圏が広くて、ユーザーも多くて、入金がスピーディであっても、手元に残る金額が少なくなっては意味がありません。いったいどれだけEtsyに持っていかれてしまうのか。当然の疑問です。

以下、詳しく解説しましょう。まず、**Etsyに店を開くにあたって必要な金額＝出店料は15ドルです**。以前は無料でしたが、現在は最初にこの金額を支払う必要があります。ただし最初だけ。一度限りの費用です。

月額の費用はかかりません。しかし、**商品1点あたりの出品料が0.2ドルかかります**。売れても売れなくても商品を出している以上は必ず課金される金額です。10点なら2ドル、100点なら20ドル。出品料は4ヶ月有効で、4ヶ月を過ぎると自動更新されます（手動で更新することも可）。年間で考えると出品料は1点につき0.6（0.2ドル×3）ドルです。

気になる**販売手数料は、商品と送料とギフトラッピングを合わせた金額の6.5%**。100ドル売れば6.5ドル、1000ドル売れば65ドル、

販売手数料として売上から引かれます。

　6.5%ならminneやCreema、Pinkoiよりも安いように思えますが、実は費用はほかにもかかります。ひとつは**入金手数料**。これは、Etsy独自の決済方法である**Etsyペイメントを利用した取引1回ごとに課金される金額で、セラーが住む国によって異なります**。日本在住のセラーの場合、入金手数料は入金金額（バイヤーが支払った金額）の6％プラス（販売商品1点につき）0.3ドルです。

　販売金額からEtsyの手数料を引いた金額は、Etsyペイメントと連携しているオンライン決済サービスのペイオニアを通して受け取ることができます。ペイオニアのアカウントを開設しても費用はかからず、手数料無料でEtsyからの送金を受け取れますが、**1回あたり金額の1〜2％の為替手数料が発生します。**

　では、100ドルの商品がEtsyで売れた場合、セラーの手元にいったいいくら残るのか、ここで計算してみましょう（為替手数料は

売上	100ドルの商品1点＝100ドル
出品手数料	100ドル×0.2％＝0.2ドル
販売手数料	100ドル×6.5％＝6.5ドル
入金手数料	（100ドル×6％）＋（1点×0.3ドル）＝6.3ドル
為替手数料	Etsy支払い口座への入金金額 （100−0.2−6.5−6.3）×2％＝1.74ドル
手数料の合計	0.2＋6.5＋6.3＋1.74＝14.74ドル
あなたの口座に支払われる金額	100ドル−14.74ドル＝85.26ドル

2%に設定しています)。

　100ドルの商品が1点売れると、手数料としてトータルで約15ドル差し引かれるので、実質的に手元に残る(日本のあなたの銀行口座に振り込まれる金額)は約85ドル。手数料の比率は売上の約15%です。

　手数料率が低いとは言えませんが、マーケットの大きさやポテンシャルの高さ、入金の早さを考えれば、そう悪い数字ではありません。minneやCreemaより手数料は高いものの、数字としてはほぼPinkoiと同程度。海外販売に最適化した使いやすいプラットフォームを使って、巨大な需要が横たわっている海外市場で販売できることを考えれば、(いまのところは)妥当な数字ではないでしょうか。

Lesson |04|

セラーとバイヤーのアプリが別々だから使いやすい

　アプリの使いやすさもEtsyの特筆すべき特徴です。ハンドメイドマーケットプレイスはどこもアプリを用意し、スマホから楽に操作できるようにしていますが、Etsyの場合は、バイヤーとセラーのアプリは別々です。**買い物をしたいときにはオレンジ色が目印のバイヤー用アプリを使い、セラーとして商品や注文管理をする場合にはブルーが目印のセラー用アプリを用います。**

　セラーだけが使えるアプリですから、セラー用に最適化されています。これがすごい。余計な情報がないのです。アプリに出ているのはセラーがチェックすべき情報だけ。操作も非常に簡単です。

　アプリを立ち上げると、**ホーム画面には「あなたのショップ統計」が表示されます。**閲覧数、注文数、訪問者数、売上が一目瞭然です。表示期間を「今日」「昨日」「過去7日間」「過去30日間」「今月」「今年」「すべての期間」にすぐに切り替えたり、特定期間にカスタマイズできるのも便利です。

　訪問者や注文数、売上合計やコンバージョンの推移を見ることができるのも優れた機能だと思います。画面の右下にある「もっと見る」をタップして「統計」を選べばすぐにグラフが表示されます。

　右のイメージ図は「過去30日間」の訪問者数の推移を表わした

グラフです。図の下にある「前年比」というボタンをスライドすれば、昨年同時期と比較したグラフを確認することも可能です。

グラフの下に出ているのは、**「お客さまがあなたを見つけた方法」**です。お客様はGoogleなどの「マーケティング＆SEO」でお店を見つけたのか。「Etsyアプリ＆その他のページ」から検索してたどりついたのか。あるいは「Etsy内の検索」（Webサイト）から発見したのか。それとも「ダイレクトアクセス」や「ソーシャルメディア」なのか。ここを見れば、お客様があなたのショップを訪れた経路について確認できます。

「Etsyアプリ＆その他のページ」や「Etsy内の検索」では、**どんな検索ワードでお客様があなたの店を見つけたのかも確認できます。**

「ニュースとアクティビティ」のボタンもタップしてみてください。注文やお気に入りの情報を確認できます。「この商品がお気に入りに追加された」「こちらの商品が売れた」という情報が表示されます。

Etsyでは「この商品がお気に入りに追加されました」という情報が文字だけではなく、商品画像とともに表示されます。この柄、この色、こ

■過去30日間の訪問者数
（管理画面イメージ）

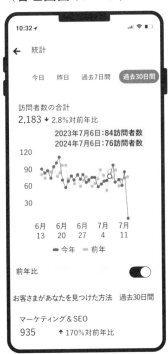

のタイプが好評のようだ、人気らしい。ビジュアルで把握できるので記憶に残りやすいのです。

　人気の動向を把握できれば、この色を増やそう、このタイプの商品に力を入れてもっと訴求しよう、SNSで告知しようといった具体的な動きにつなげやすくなります。

Lesson |05|

まずショップ名を決めよう

「よし！ 私も Etsy にお店を開こう」と思い立ったら、まずは最初にショップ名を決めましょう。自分の店には、自分だけの URL が持てます。「etsy.com/shop/ ショップ名」「ショップ名 .etsy.com」のように表示されます。

Etsy ではショップ名について次のようにアドバイスしています。**あなたのブランドから連想してほしい雰囲気を表わす言葉に、取り扱い商品がすぐにわかる単語をつけるのです**」

具体例をあげてみましょう。

HappyKawaiiSupplies（可愛いクラフト用品専門店）
ThinkPinkBows（赤ちゃん用のスタイリッシュなリボンショップ）
SilverRainSilver（手作りのスターリングシルバージュエリーショップ）

すべて実際に Etsy にある人気店です。**商品のカテゴリー**をショップ名に入れるもよし、**自身の名前**を冠して**世界観を表わす単語**を用いるもよし。また、minne や Creema などに**すでに出店している店の名前**を Etsy にそのまま使うのもいいでしょう。SEO 対策として、検索してほしいキーワードを入れるのもおすすめです。

ただし、もしかしたらすでに Etsy 内に同じ名前の店が存在しているかもしれません。はたして **Etsy に同じ店名があるのかないのか、検索して必ず確認しましょう。**一度開店しているショップで使われてしまっていると、そのショップがたとえ閉店していたとしても再び使うことはできません。

 また、候補のショップ名は、**Etsy 内だけでなく Google でも検索してください。**もしかしたら Etsy にないだけで、すでにネットの世界では既存のショップ名かもしれません。必ず確認が必要です。

 ショップ名の条件は以下のとおりです。

・4 〜 20 文字以内であること
・スペースまたは特殊な文字は使用しないこと
・冒涜的な言葉を含まないこと
・既存の Etsy メンバーに使われていないこと
・他の人の商標権を侵害しないこと

 必ず英文字を使用しますが、スペースは使えないので、例えば「Flight Design World」にしたい場合には、「FligtDesignWorld」のように単語をつなげましょう。単語の最初の文字を大文字にすることで区切りがわかりやすくなります。

 なお、ショップ名は開店前であればセラー専用のアプリから、
①「ショップ管理ツール」を選択

②「ショップ設定」を選択
③「ショップ情報&デザイン」を選択

　以上の手順で別のショップ名に変えられます。**開店後は5回まで変更ができます。**さらに変更したい場合にはEtsy サポートにリクエストする必要があるので、ショップ名は慎重に決定しましょう。

　では、日本からの出店だから「JAPAN」をつけたほうがいいのでしょうか。個人的にはあまり意味がないと感じています。「和」を訴求しようと「JAPAN」や「TOKYO」「KYOTO」などの単語を入れたショップはすでに数多く存在しています。また、少し残念ではありますが「JAPAN MADE」にはかつてほどの輝きはありません。「和」にこだわって、後発で同じ土俵に乗るよりは、商品や世界観を表わすようなショップ名、作家のあなた自身が納得のいくネーミングを考えてみてはいかがでしょうか。

Lesson | 06 |

40点分の出品無料ポイントが もらえる招待リンクを手に入れる

　次に、あなたのまわりにEtsyでショップを開いている人がいないかどうかを調べてみてください。というのも、**すでにショップを開いている人からの招待リンク経由で店を開設**すると、あなたも紹介した人も、それぞれ商品**40点分の出品無料ポイントがもらえる**からです。

　出品料は1点につき0.2ドルなので、40点分ということは8ドル。日本円にして約1200円。あなたにとっても紹介した人にとってもメリットがあります。知り合いがいないか、紹介してもらえそうか、確認しましょう。もし、該当する人がいれば、その人に以下のページから招待リンクを送ってもらってください。

https://www.etsy.com/jp/invites/sell/?seller_redirect=1

　まわりに知り合いがまったくいない場合にはどうするか。Etsyには、この招待リンクを有料で販売しているショップがいくつもあります。Etsyのサイトから検索ボックスに「**40 listings for free**」と入れて検索してみてください。

　ダウンロード商品として、0.2〜0.3ドル程度で招待リンクを販売しているショップがたくさん見つかると思います。ショップ名の横には星の数が出ています。これはお客様の評価を示したもの。多ければ多いほど評判がよいお店だということです。4つ星半以上の

80

お店であれば心配はいらないでしょう（5つ星が最高評価）。

　購入するとメールで招待リンクが届きます。クリックして新しいアカウントにサインアップすると、40の無料リストを請求できるページに移動します。ウェルカムページに到着したら、「はじめましょう」ボタンをクリックしてください。

　もちろん、招待リンクがなくてもショップははじめられます。まったく知らない海外の店から招待リンクを購入するのはちょっと抵抗があるという方は、そのままEtsyのアカウント開設に進んでください。

Lesson |07|

まずはアカウントを開設

　ここからいよいよショップを開設していきます。ガイダンスに沿って順番に記入していくだけなので心配はいりません。すでに他のハンドメイドマーケットプレイスでショップを開いている方なら難なく進められると思います。

　もしハンドメイドマーケットプレイスへの出店は初めてという方でも大丈夫。一部、ペイオニアとの連携作業に戸惑う場面があるかもしれませんが、手順どおりに行なえばショップを立ち上げられます。

① **Etsy 出店サイト（https://www.etsy.com/sell）にアクセス**

　「何百万人ものユーザーがあなたのストアの商品を待ちわびています」と書かれたページです。なんだかワクワクしてきますね。

② **ページの中央にある「さっそくはじめる」をクリック**

　「ログイン」というポップアップが表示されます。

③ **メールアドレスを入力**

　メールアドレスを入れて「続ける」をクリックすると、画面が「あなたのアカウントを作成する」に変わります。

④名前とパスワードを入れて「登録ボタン」をクリック

　これでアカウント登録は完了です。このアカウントはショップ運営だけではなく、バイヤーとしてほかのショップから商品を購入する場合にも使われます。「登録ボタン」をクリックすると、「ようこそ！　○○さん」のページが現われます。

⑤「ようこそ！　○○さん」のページの「試してみる！」ボタンをクリック

⑥アンケートに回答

　「Etsyを利用される理由は何ですか？」という質問が表示されます。該当する項目にチェックして、「次へ」をクリック。この質問はスキップすることもできます。

⑦「ヘルプの必要なことはありますか？」に回答

　ここでは、「販売する商品を決める」「ショップのネーミング＆ブランディング」「商品写真の撮影」など11の項目が並んでいます。該当するものをチェックしましょう。Etsyが用意している情報にアクセスできます。この質問もスキップ可能です。「次へ」をクリックすると、「これからが楽しいところです！」というページに移るので、「ショップを開始する」のボタンをクリックしましょう。

⑧ショップの環境設定

　ショップの環境を設定するプロセスです。最初のページでは、「言語」「国名」「通貨」を選択します。「言語」は「日本語」、国名

は「日本」、通貨は「米ドル」を選び、「保存して実行する」をクリックします。なお、ここで「言語」を「英語」に設定してしまうと、ショップ管理画面の表示がすべて英語になってしまうので要注意。この段階では「日本語」を選んでください。

⑨ショップ名を決める

　ショップ名を入力します。「Etsy ショップ名の選び方」に関する記事のリンクが貼ってあるので、それを読んで参考にするのもいいですね。考えているショップ名が利用可能であれば、「いい考えですね！　その名前は利用できます！」というテキストが表示されます。

⑩「商品情報についてお聞かせください」

　ショップでどういった商品を販売するのかを明らかにするページです。カテゴリーを入れ、有形・無形のいずれかを選び、「誰が作ったのか」という問いに該当する答えを選びます。完成品、もしくはハンドメイド用素材、または道具なのか。どちらかにチェックして、「いつつくりましたか？」という問いではプルダウンで該当する答えを選びます。つい最近つくったのであれば、「2020－2024」を選びましょう。注文を受けてから生産する受注生産型の場合には「オーダーメイド」にしてください。

　「あなたのショップはこの商品をどのように制作していますか？」という問いもあります。一からつくっているのか、購入されたパーツを組み合わせているのか、ショップ側が変更を加えているのかなど、該当するものにチェックを入れ、最後に制作に用いた道具に関

する問いに答えましょう。縫い針、塗装ブラシ、ミシン、テーブルソーなどの手動のツールなのか、コンピュータツールや機械なのか。あるいは生成AIなのか、それともツールは利用していないのか。機械や道具を一切使用していない商品であるなら、「いいえ、ツールは利用していません」をチェックします。

　回答したら「保存して実行する」をクリックします。

Lesson│08│

ショップの詳細を設定しよう

⑪ショップ詳細設定

　ここからは商品名や詳細な情報、画像・動画などを具体的にアップしていきます。商品の詳細は日本語で入力すると、ユーザーの位置に応じて適切な言語に自動翻訳されますが、**最初から英語で記入することをおすすめします**。

　自動翻訳の精度は上がっているとはいえ、どうしても不自然な表現は避けられません。それよりも、生成 AI などの翻訳ツールを使い、自分が納得できる形で英語の説明文を入れたほうが見る人に自然に受け入れられやすいと思います。翻訳のコツについては 6 章を参照してください。

(1) ショップ詳細

　タイトルの欄に商品名を入れます。文字数はアルファベットで 140 文字以下。検索されやすいキーワードを含んだ商品名をつけましょう。キーワードを盛り込み、商品名を**パッと見て**「**何の商品なのかがわかる**」ことが重要です。

(2) 写真および動画

　商品点数は 10 点が上限です。せっかく 10 点の枠が用意されてい

るのですから、正面から撮った画像、横や上からの画像、利用しているシーンの画像、アップの画像などアングルを変えながら10点すべてを使いきりましょう。

　ユーザーが最初に目にするサムネイルの画像は調整が欠かせません。「サムネイル編集」機能を使えば作業は簡単です。お客様が最初に目にする画像です。特徴や個性が伝わるように編集します。うまくサムネイル画像を調整して、ショップとしての統一感を出しましょう。

　動画は1点だけアップロードできます。Etsyによる「出品中の全商品に関する2023年8月の分析」によれば、**「動画付きの商品情報は、写真だけのものより2倍もの注文を得ている」**そうです。動画には写真にはない力があります。「あ、こんなふうに使えるんだ」「着用するとこんな印象になるんだ」と、見ている人にちょっとした驚きや感動を与えるような動画をぜひアップしてください。

(3) 詳細

　いわゆる**商品の説明文**です。どんな商品なのか、特徴はどこにあるのか。重さやサイズも忘れずに記入します。このとき、商品の種類やテイストによっては、ただ文章をつづるだけではなく、箇条書きや絵文字も効果的に使いましょう。

　「**パーソナライズを追加**」機能を有効にすれば、名入れや柄など、個々の要望に応えて商品をカスタマイズできます。「パーソナライズを追加」ボタンを押してみてください。「お客様への説明」のためのボックスと**「お客様の返信文字数の上限」**を設定できます。

例えば、ネックレスの名入れのリクエストに応えるのであれば、次のような文をボックスに入れます。

Please enter the name to be engraved on the necklace. Use uppercase letters.

ネックレスに入れたいお名前をご記入ください。アルファベットの大文字でお願いします。

そして、必ず「お客様の返信文字数の上限」を記入しましょう。あまりに文字数が多いと名入れは不可能ですよね。あなたの商品に名入れできる文字の上限数を設定しておくと、お客様はそれ以上の記入ができなくなります。

(4) 価格＆在庫

商品の値段を設定し、販売する商品の個数を記載します。

価格は、日本に住んでいるお客様と他の国のお客様とを分けて設定できます。海外販売に特化したEtsyの優れた機能のひとつです。

また、価格を設定すると自動的にEtsyが「収益の見込み金額」を算出してくれます。100ドルで設定すると収益の見込みは87ドル。「見込まれるコスト」の欄に原価を入れると、実際の利益が表示されます。仮に、「見込まれるコスト」を30ドルに設定してみましょう。この場合、手数料は13ドル。原価を引いた粗利の見込みは57ドルとはじき出されます。ひとつの商品を売ってどれぐらいの利益を手にできるのか、だいたいの目安になると思います。

個数の欄にはショップで販売するこの商品の在庫数を入力します。個数の下にはSKU（Stock Keeping Unit）を入れる欄があります。SKUとは商品識別番号のこと。SKU欄は記入しなくても問題はありませんが、商品点数が多くなるとSKUをつけたほうが管理しやすくなります。

(5) バリエーション

商品に複数の**色やサイズ、素材**などがある場合はバリエーションを追加しましょう。ほかの色もラインナップしている、サイズが異なるアイテムもある、素材が異なるなど、簡単に商品のバリエーションを増やせます。

(6) 詳細

商品の特徴をもう少し増やして、お客様にわかりやすく、かつ検索で見つけやすいように**カテゴリーや属性**を入力します。カテゴリー欄は、例えば「ピアス」と日本語で入力すると、「ダングル＆ドロップピアス」「スタッドピアス」「フープピアス」などが表示されるので該当するものを選んでください。

「素材」や「メインカラー」「その他の色」はそれぞれプルダウンメニューから該当するものを選びましょう。色は19種類揃っています。

「すべての属性」というボタンもあります。このボタンをクリックすると、カテゴリーによってさまざまな属性が登場します。ピアスの場合は、形や留め具なども記入できます。

属性の中では、「用途」や「ホリデー」は日本人にはちょっと感覚がつかめず、選びにくいかもしれません。「用途」は24種類の中から選べますが、「バチェラーパーティー」や「洗礼」「初聖体」「プロム」なども入っています。一番無難なのは「記念日」でしょう。

「ホリデー」も同様です。「クリスマス」のほかに「イースター」「ハロウィン」「ハヌカ」「独立記念日」などのメニューが用意されていますが、日本人にはいまひとつピンとこないですよね。アメリカ発のマーケットプレイスならではの選択肢ですが、特に「ハロウィン」向けというものでない限りは「クリスマス」を選ぶのが無難だと思います。

「タグ」は最大13個使用します。画像と同じように、最大数活用しましょう。「タグ」は検索時に有効に働くキーワードです。枠を余らせるのはもったいない！　関連キーワードはタグでしっかりとカバーしましょう。

「素材」の項目では、商品に使用している材料を記入します。ゴールド、シルバー、プラチナ、コットン、リネン等、素材名を入れてください。こちらも最大13個入力できますが、この「素材」については無理やり13個にしなくても問題ないと思います。バイヤーに商品の実態を率直に伝えるための項目です。

(7) 発送オプションを作成

送料プロフィールを作成しましょう。「オプションを作成」ボタンを押して、**発送までにかかる日数**を入力します。注文から発送ま

での納期が早ければ早いほど注文が入りやすくなるのは、国内外を問わず同じです。可能であれば短い日数で対応しましょう。プルダウンで、「1日」「1-2日」「1-3日」「3-5日」「5-7日」「カスタム期間」のいずれかを選んでください。「カスタム期間」を選べば日数は自由に設定できます。発送日数は最大10週間まで設定可能です。

「日本」と「その他すべての国」とを分けて発送日数を設定することもできます。ただし、後述しますが、EMSなどの追跡情報がつけられない国もあります。そうした国からもし注文が入ると追跡情報付きの方法で商品を発送できません。ここは確実を期して、「その他すべての国」はゴミ箱に入れ、「所在地を追加」ボタンから特定の国だけをプルダウンメニューから選んで設定しましょう。

Etsyでもっとも注文が多い国はアメリカ、ついでイギリスやカナダ、オーストラリア。最初のうちは、これらの国に加えてヨーロッパの先進国やアジアの主要国をカバーすれば十分だと思います。もっと商圏を広めたい場合には、追跡情報がつけられる国であるか否かを確認した上で発送先を追加します。

発送する国を決めたら、それぞれの請求額（送料）を設定してください。**送料は「無料」に設定することをおすすめします。**Etsyも送料無料を推奨しています。国際郵便はコストがかかりますが、それを見越した価格設定をして注文が入りやすくしましょう。

「発送のアップグレード」も可能です。より早くお客様の手元に商品が届くオプションを追加できる機能です。日本郵便のEMSでアメリカに荷物を送ると、通常、5営業日ほどで到着しますが、ま

れに遅延があります。しかし、フェデックスやDHLを使えば、例えば月曜日に日本からアメリカに商品を送ると、アメリカ時間の火曜日には届きます。ただし料金が非常に高いので（1万円前後）、「発送のアップグレード」機能を使って特急料金を設定しましょう。

　送料として1万円も払うお客様がはたしているのか。これは商品の内容や価格次第ですが、1万円と言っても2024年7月現在の為替レートで考えると63ドル程度。例えば300ドルの売価の商品であれば「どうしてもこの日までにほしい」というお客様が特急料金を選んで注文を入れてくれるかもしれません。アップグレードを追加するのは簡単な手間なので、とりあえず設定しておいてもいいでしょう。

　必要な項目をひととおり記入したら、「送料プロフィールとして保存」のボタンをクリックし、名前をつけて保存します。この送料プロフィール機能を使えば、複数の商品の送料を一括で更新することができます。いちいち商品ごとに送料を変える手間がないので非常に便利です。「関税情報」の欄は特に入力する必要はありません。そのままで大丈夫です。

(8) 設定

　「翻訳」の項目では、英語以外に、イタリア語やフランス語など8カ国語で商品のタイトル（商品名）や詳細を記入できます。しかし、特定の国に特に訴求したいという商品でなければ記入の必要はありません。

　「返品＆交換」は、Etsyの基本的なポリシーである「返品＆交換

は30日まで」「返送料、および商品が元の状態で返品されない場合の価値の減損分はお客様の負担となります」のままにします。もし、異なる返品＆交換ポリシーを作成したいのであれば、「＋ポリシーを作成」ボタンを押して作成しましょう。

「ショップセクション」は商品をグループ分けする機能です。例えば、アクセサリーを「ピアス」「ネックレス」「ブレスレット」に分ける。あるいは文房具を「紙製品」「筆記具」「ノート」に分けるといったように、あなたが管理しやすいようにセクションを設けましょう。この「ショップセクション」機能を使えば、「セクション」ごとに一括して送料プロフィールを変更したり、価格や商品説明文を変更できます。

「**この商品をおすすめ商品にする**」を有効化すると、その商品がショップのホームページのトップに掲載されます。デフォルトでは有効化されていません。ショップの中で目立たせたい商品なら忘れずに有効化しましょう。

「更新オプション」は「自動」と「マニュアル」のいずれかを選びます。1回更新すると、4ヶ月間または商品が売れるまで商品が出品され続けます。基本は「自動」にチェックがついています。自動的に更新されるのは嫌、4ヶ月ごとにラインナップの見直しをしたいと考えるのであれば、「マニュアル」を選んでください。ずるずると更新され続ける事態を避けられます。ただし、うっかりするとショップから商品が消えていたという事態もありえるので気をつけましょう。

これで商品登録は完了です。最初に出品すると、「初めての出品

おめでとうございます！」というページが表示されます。

　このように Etsy では商品1点からショップを開くことができますが、点数が少ないとあまり見栄えがしませんよね。できれば10点、少なくとも5点ほどは出品してみましょう。ショップのにぎわいが断然違ってくると思います。

　なお、Etsy では、商品を物理的に制作する上で、もしショップ外の第三者と協力関係にある場合には、その人を「**委託生産パートナー**」として加えて開示するように求めています。例えば、紙製品のデザインはセラーが行ない、印刷は別会社にお任せしているとしたら、印刷会社の名称や所在地などを記載しておきます。**いかにフェアな情報を提供するか**。これは Etsy が重視している点のひとつなのです。

　「委託生産パートナー」を加える場合には、以下の要領で行ないます。
①ショップ管理ツールから「ショップ設定」を選択
②「一緒に働くパートナー」を選択
③「＋委託生産パートナーを追加します」を選択
　ここで、パートナー名や委託内容を入れ、この委託生産パートナーと提携している理由やデザインの過程でのあなたの役割、制作および生産の過程でのあなたの委託生産パートナーの役割を入力します。理由や役割についてはプルダウンメニューから選択できるので難しい作業ではありません。公開、非公開を選ぶこともできます。

▪商品登録完了！（管理画面のイメージ）

ショップの環境設定　ショップ名を決める　在庫を追加する　入金方法　　お支払い情報を　セキュリティ
　　　　　　　　　　　　　　　　　　　　　　　　　　　　　　　　　　共有しましょう　のため

初めての出品おめでとうございます！

初めての販売に近づきました。もういくつか商品情報を追加してみましょう（まずは5個から始めてみましょう）。これによってお客さまに見つけてもらえるチャンスが増えます。

$100.00

Lesson |09|

Etsyペイメントと
ペイオニアを紐付ける

　次は**入金方法の設定**です。「初めての出品おめでとうございます！」のページの下部にある「あとでやる」ボタンをクリックすると、入金方法を設定する「Etsyで支払いを受ける」ページに移ります。

　まず、プルダウンメニューから「日本」を選びましょう。「Etsyペイメントを設定」のページが現われます。すでにチェックマークがついているので、一番下の「ペイオニアアカウントを接続しましょう」を選びます。

　すると、「ペイオニアサインアップ」のページがポップアップされます。事業者登録または法人登記をされていますか？」と尋ねられるので、「いいえ、事業登録は行っていません」にチェックを入れ（最初からここにチェックが入っています）、「名」「姓」をアルファベットで記入し、Eメールアドレスと生年月日を入力します。

　次に、住所を記入する「連絡情報」のページに移ります。国、番地、詳細な住所、都道府県、郵便場合、携帯番号を入れて、「コードを送信する」をクリックすると、携帯番号に送信コードが送られます。この認証コードを入れてください。

　その後は「セキュリティ」のページです。ユーザー名（メールア

ドレスが入っています)、パスワード、セキュリティの質問に答え、ID（身分証明書）の詳細、有効期限を入れ、下の名前と名字をそれぞれカタカナで記入します。**ID（身分証明書）として選べるのは運転免許証かパスポートのいずれか**です。

　最後に、出金用の口座として自分の**銀行口座の情報**を入力してください。銀行名は英語になっていますが、プルダウンメニューから選べます。規約や料金と手数料、ペイオニアからのマーケティング目的のメッセージ受信希望の項目にチェックを入れて「送信」すれば完了です。

　完了すると、「Allow Etsy access to your Payoneer account?」（ペイオニアアカウントへのEtsyのアクセスを許可しますか）という英文のページが現われます。表示される文章を日本語に訳すと次のようになります。

> 「以下の『同意する』をクリックすることにより、ペイオニアがあなたの情報を Etsy, Inc. またはあなたの所在地に応じて Etsy Ireland Unlimited Company と共有することを理解し、同意します。Etsy は、Etsy のプライバシーポリシーに従ってサービスを提供するためにあなたの情報を使用します。サービスを提供するために、あなたの情報が Etsy が運営する国に転送される可能性があることを理解し、同意します」

　もちろん「Agree」（同意）をクリックしましょう。これで

「success！」(成功) です。晴れて Etsy のアカウントとペイオニアのアカウントが紐づけられ、Etsy での売上をあなたの口座に送金できる仕組みが整いました、と言いたいところですが、現実にはペイオニアの審査待ちです。

　審査にかかる日数は最大3営業日。審査に通れば、「承認完了」とメールされます。このときこそが本当の「success！」。
　ペイオニアから「Etsy からの支払い受取申請が承認されました！」というタイトルのメールが届きます。これで、晴れて自分の銀行口座へ送金することができるようになりました。
　ここで要注意があります。ペイオニアは運転免許証かパスポートがあれば手続きが済みます。Etsy では以前は法的書類は必要なかったのですが、現在はセラーに対し政府発行の身分証明書の提出を推奨しています。受け付けているのは「**ラテン文字で記載された身分証明書**」。日本の運転免許証にはラテン文字表記はないので、パスポートしか選択肢がありません。運転免許証で問題がないという人もいますが、念のためにパスポートのコピーの提出をおすすめします。
　やり方は、管理画面から①ファイナンスを選ぶ、②法律＆税務情報を選ぶ、③ページ下部の「あなたの書類」でパスポートをアップロード。これで完了です。パスポートがないという方。海外販売する上では用心のために取得しておくことをぜひおすすめします。

Lesson | 10

支払い情報を入れ、ショップのセキュリティを強化

　入金方法の設定が済んだら、次は「支払い情報の共有」のステップです。セラーとして Etsy に登録するだけなのに、どうして支払い情報を入力しなければいけないのかと言えば、Etsy の手数料（商品1点につき0.2ドル）や1回限りのショップ設立手数料（15ドル）の支払いに利用されるからです。

　入力するのは**クレジットカードの情報**です。カード番号、有効期限、CCV（セキュリティコード）、カードの名義人、請求先住所、マイナンバーカードの番号（任意）を入力したら完了です。

　ここまで終わったらゴールが見えてきました。次は、「**ショップセキュリティ強化**」へと移ります。Etsy では2FA（二段階認証）を導入しています。この二段階認証とは、IDやパスワード入力のほかに、SMSやメールによる認証、あるいはアプリによる認証を追加することで不正アクセスを防ぐ仕組みです。

　選択肢は「**ショートメッセージ**」「**電話連絡**」「**二段階認証アプリ**」の3つ。このうち Etsy がもっとも安全だとして推奨しているのが、Apple または Android 端末用のアプリで認証コードを生成する「二段階認証アプリ」です。

　手順は次のとおりです。
①「二段階認証アプリ」を選択

②アップルの App Store または Google Play ストアから、認証用アプリをダウンロードします。おすすめは「Google Authenticator」です。
③「次へ」を選択
④ Etsy に QR コードが表示されるので、二段階認証アプリを開き、QR コードを読み取る
⑤ Etsy で、二段階認証アプリからの認証コードを入力
⑥「次へ」を選択
⑦ダウンロードしたコードは安全な場所に保管
⑧「Etsy ショップを開店」を選択

 これでセキュリティも万全です。なお、⑦は必ず行なってください。万が一、2FA を設定した端末へのアクセスを失っても、このバックアップコードがあれば Etsy アカウントへログインできます。「端末に保存」「コードをコピーする」のオプションが表示されるので、どちらも行なうようにしてください。後者をチェックしたらどこかにコピーし確実に保存します。

 以上でショップを開店する前に必要な作業はすべて終わりました。バックアップコードが表示されているページの右下に「ショップを開店」のボタンがあります。これをクリックすれば「開店しました!」のポップアップが表示されます。

Lesson |11|

ショップの体裁を整えよう

　開店したら、「ショップ管理ツール」を使って、ショップの体裁をどんどん整えていきましょう。

　何からやればいいのかわからない。そんな心配は無用です。ショップをオープンすると、Etsyの画面には**「最初の販売を達成するためのクイックガイド」**が表示されます。それらに目を通すと作業の進め方がつかめると思います。

　クイックガイドに並んでいる項目は以下のとおり。

1. このページをブックマークに追加して、進捗を簡単に追跡できるようにする
2. 「売れる素晴らしい商品情報のつくり方」を見る。「写真やキーワードに関するヒント」も得る
3. Etsyセラーアプリを手に入れる
4. さらに商品を出品
5. ＳＮＳまたは友達とショップ情報を共有

　「2.売れる素晴らしい商品情報のつくり方」や「写真やキーワードに関するヒント」ではリンクが貼ってあります。ぜひそのページを見に行ってください。前者は英語の動画ですが日本語の字幕がついています。ちなみに、2024年7月時点ではクリスマス商戦に関

する動画がリンクされていました。クリスマスは最大の繁忙期。アメリカの消費が大盛り上がりするシーズンですから、動画でヒントを得て勝機をつかんでくださいね。

「写真・キーワードに関するヒント」に貼ってあるリンクをクリックすると、**「セラーハンドブック」**に飛びます。多彩な記事が用意されているハンドブックはセラーの力強い味方。「商品写真に欠かせない7つの形式」「とびきり素敵なショップ詳細欄を用意するには」「発送で困らないための4ステップ」「5つ星のレビューを得るには」「究極の価格設定ガイド」等、役に立つ情報が掲載されています。

ただし、**記事の年月はチェックする**ようにしたほうが賢明です。古い記事もそのまま残されているからです。Etsy側の仕組みが変わったり、日本の郵便事情が変更になって通用しなくなった情報や、時間の経過によって手順や作業内容が違ってしまった情報もあります。時間を経ても価値が失われず、いまも参考になる有益な情報もありますが、記事の日付は要確認です。

Etsyのガイドが
たくさんの情報を
教えてくれる

Lesson|12|

プロフィール欄を使って自己紹介

　ショップ管理ツールを使ってショップを充実させていく上で、忘れてはならないのがプロフィールの記入です。作業は以下の順番で行ないます。

①**ホーム画面の「あなたのアカウント」（カートの左にあるアイコン）を選択**
②**「プロフィールを見る」を選択**
③**「公開プロフィールを編集」を選択**
④**「あなたの名前」の隣りにある「変更または削除」を選択**

　この手順でプロフィール写真をアップロードして、名前、性別、市（所在地）、誕生日、ショップ詳細、お気に入りの素材（13個まで）、プロフィールに表示する項目（ショップ・お気に入り商品・お気に入りショップ）の欄をチェックすれば終わりです。

　プロフィールの写真の条件は以下のとおりです。
・400 × 400px 以上かつ 10MB 未満
・正方形の画像
・「.jpg」「.png」または「.gif」形式のファイルのみ

プロフィール写真についての Etsy のアドバイスも参考にしてください。

・クローズアップやヘッドショットなど、自分自身の写真を使っている
・明るい光、もしくは自然光を使っている
・遠くから撮影した、またははっきりしない写真は避けている

　ショップ詳細については、簡単な自己紹介を入れましょう。例えば、次のような要素を盛り込みます。

・ハンドメイドをはじめた経緯や経験年月
・ショップや商品の特徴
・見ている人に訴えたい点

　難しく考えてしまうと、なかなかアップできなくなります。Etsy のショップをまわって**自分がいいなと思えるショップのオーナーのプロフィールを見てみると、何を書けばいいのかヒントがつかめる**のではないでしょうか。

　また、このプロフィールページで変更できる「名前」とは、ニックネームや自らのフルネームなど「通り名」として使いたい名前です。この作業はアプリではなく、PC やモバイルブラウザから行ないます。

プロフィールで
バイヤーの心を
つかもう

Lesson｜13

バナーとショップアイコンでショップを充実化

　ショップのデザインもあなたのお店らしく整えていきましょう。お店のバナー（カバー写真）は必ずアップしてください。

　「販売チャネル」の下に出ているあなたのショップ名の横の鉛筆アイコンを選択すると変更画面が現われます。

　バナーのスタイルは3つの中から選びます。

1. ビッグバナー（ショップの上部に1枚の大きな画像使用）
   最小画像サイズ：1200 × 300 px
2. ミニバナー（フォーカスはあくまでも商品情報に当てたままでポップな目印を追加）
   最小画像サイズ：1200 × 160 px
3. なし

　1や2をチェックすると、PCやスマホ画面でどのように表示されるか、把握できると思います。商品の種類やショップのコンセプト、世界観によっても異なるのでどちらがいいとは断言はできませんが、バナーがないとやや無機質かつ手抜きの印象を与えるので、1か2のいずれかのバナーは入れましょう。

　バナーを作成するときに便利なツールはいくつもあります。代表

的なものが、前章でも触れた、オンラインで使える無料のグラフィックデザインツールの「Canva」(https://www.canva.com/)です。デザイン性の高いテンプレートが豊富に揃っているので、あなたのお店のイメージに近いものをたたき台にしましょう。色や文字を変えて写真を加えれば容易にカスマイズできます。また、無料の動画エディタおよび動画メーカーアプリの「CupCut」でも、Etsy用のカバー写真を作成できます。

　お店の顔になるショップアイコンも作成します。バナー同様、Canvaでつくれます。作成したら、店名の横にある正方形の下のカメラマークをクリックしてください。ここからアイコン用の画像をアップロードします。
　この作業は「ショップ管理ツール」からも行なうことができます。
① 「ショップ設定」を選択
② 「ショップ情報とデザイン」を選択

　ショップアイコンの推奨サイズは 最小で500×500px（最大10MB）。PCやモバイル、Etsyアプリすべてのプラットフォームで表示される、**ショップの「顔」となる画像**ですから、ショップのブランディングに効果的なデザインにしましょう。ショップアイコンは、注文された商品を発送する際に、同封する内容明細書にも掲載されます。

　なお、**ショップアイコンとプロフィール写真は別々にすることをおすすめします。**Etsyのセラーブックでは、その理由をこう述べ

ています。

「ショップアイコンの使用により、プロフィール写真とショップブランドがそれぞれ別個のものとして確立され、あなたのブランドの個性をより強固なものとすることが可能になります」

「お客様があなたのショップのページを訪問すると、ショップアイコンに加えてあなたのプロフィール写真が『ショップオーナー』セクションに表示されます」

　Etsyの人気店を見てまわると、ショップアイコンにはショップのイメージや世界観がわかりやすく伝わる画像やイラストを入れ、プロフィール写真にはショップを運営している作家自身の写真を出しているショップが多いようです。つくり手の写真はバイヤーに親近感をもたらす効果があるのでしょう。

　SNSでも同様の傾向が見られます。日本の場合、顔出しせずに匿名で登録する人が多数派ですが、海外では臆すことなく自分の写真や実名を明らかにする人が多いのです。もちろん無理をして顔写真を出す必要はありませんが、プロフィール写真は意外に見られることは知っておいてくださいね。

プロフィール画像まで
こだわって、
お客様に好印象を与える

Lesson |14|

英文で「ショップからのお知らせ」を作成

　さらに、「ショップからのお知らせ」や「お客様へのメッセージ」も記入しておきましょう。
　以下の手順で行なってください。
①「ショップ設定」を選択
②「ショップ情報とデザイン」を選択

　これらはどちらも英文で書き込むことをおすすめします。前者の「ショップからのお知らせ」は、ユーザーがあなたのショップにアクセスしたときに店名の下に表示されるテキストです。文字数に上限はありません。
　現在のショップに関する最新情報（セールなど）を記載しているショップもあれば、長めにショップのコンセプトを掲載しているショップ、「Welcome to ○○（ショップ名）！」の後ショップの扱い商品について簡単に紹介しているだけのショップもあります。
　注意したいのは、**「ショップからのお知らせ」ページには最新更新日が表示される**ことです。更新があまりに古いと、「このお店、大丈夫なの？」「ちゃんと営業しているの？」と思われかねないので定期的に更新しましょう。

　「お客様へのメッセージ」とは、領収書のページやバイヤーが商

品購入後に受信するメールに表示されます。ここは簡単で構いません。例えば次のようなテキストで十分です。

Thank you for your purchase.
I am now preparing your shipment. Please wait a moment. If you have any questions, please feel free to ask at any time.
Best regards,（英語で署名）

お買い上げありがとうございます。
発送の手続きに入りますので少々お待ちくださいませ。もしなにかご不明な点があればいつでもお尋ねください。
よろしくお願いいたします。

「ショップ情報とデザイン」のページでは**「注文の領収書バナー」**もアップロードできます。このバナーも、先ほど紹介したグラフィックツールのCanvaがテンプレートを揃えているので、そちらを使うと簡単に作成できます。このページからは、フェイスブックやXのアカウントとのリンクも可能です。記入がひととおり終わったら、「変更を保存」ボタンをクリックしてください。

　ここまでの作業が済んだら、あなたのショップも他のショップにひけをとらない装いになっているはずです。商品を追加して、写真や動画、商品説明、タグなどのブラッシュアップをまめに行なって、どんどん魅力的な店に仕上げていきましょう。

4章

Etsyならではの
便利な機能と
注意点

Lesson |01|

いくつもの商品情報を
一括で変更できる

　前章ではEtsyへの出店方法を詳しく解説しました。本章ではEtsyならではの優れた機能とその使い方、そして注意点について述べていきます。セラーのために用意された豊富な機能を使ってショップを円滑に運営し、多くのファンをつくっていきましょう。

　Etsyには国内のハンドマーケットプレイスとは比べ物にならないほど便利な機能が充実しています。その筆頭は**商品情報を楽に変更できる機能**です。このカテゴリーの商品だけ納期を伸ばしたい、商品情報を少し変えたい、写真をさくっと取り替えたい、特定の商品のみ価格を上げたい、あるいは下げたい。そうしたときにいちいち商品ページを開いて変更するのは大変ですよね。経験したことがある方なら誰もが思い当たるストレスフルな作業です。あの煩雑さが嫌で更新をつい怠ってしまうという方も少なくないのではないかと思います。

　しかし、**ショップは鮮度が大切です**。頻繁に手を入れたり見直したり、試行錯誤の積み重ねがショップの魅力を高め、集客力をアップします。
　その点、Etsyは商品情報の変更が極めてスムーズ。ショップの鮮度を保ちやすいのです。Pinkoiにも商品名や写真、タグの一括

変更機能が設けられていますが、Etsyはさらに多くの項目を変更できます。

　実際にやってみましょう。
① ショップ管理ツールを選択
② 商品情報を選ぶ
　この手順で、商品が一堂に並んでいるページに行きましょう。商品の並べ方は、縦一列にずらりと表示する方法と、横4列で表示する方法があります。お好みの表示方法を選んでください。
　商品情報としては以下の10項目の変更が可能です。

1. タイトル
2. タグ
3. 詳細
4. 価格
5. パーソナライズ情報
6. 委託制作パートナー
7. 更新オプション
8. 送料プロフィール
9. 返品＆交換ポリシー
10. セクション

　商品情報を変更するには、まず変更したい商品を選んで、商品の左下にあるチェックボックスにチェックを入れます。セクションごとに変更をしたい場合には、商品情報ページの右側にある「セクシ

ョン」から該当するセクションを選びます。

　すべての商品を対象に情報を変更することも可能です。その場合には、ページの上部の左端にあるチェックボックスをクリックします。すると、「このページの○（商品の点数）を選択」か「すべてのページの○（総商品点数）を選択」のどちらかを選べます。一部商品だけではなく、セクションごと、ページごと、あるいは全商品を対象に簡単に商品情報を変えられるわけです。次項から詳しくお伝えします。

変更したい項目を
一括で更新できるので
便利なEtsy

Lesson│02│

テキストの追加や削除、置き換えも楽々

前項でお伝えした商品情報の変更について解説します。「**1. タイトル**」とは商品名の変更です。**検索ワードでよく使われている単語をタイトルの頭に入れたほうが検索でヒットしやすくなる**という説もあります。競合商品や人気商品を参考にしながらタイトルを見直し、必要があれば変更しましょう。

「**2. タグ**」の編集も集客には欠かせません。タグは都度の見直しが必要です。おそらく最初は、多くの方が枠の上限（13個）を使い切ろうと夢中になってタグ付けをしていると思います。しかしやっているうちにある程度のカンがつかめてくるはず。あなたのショップにはどのようなキーワードで訪ねてくる人が多いのか、統計データを参考にタグの見直しを図ってみてください。

「**3. 詳細**」は、複数の商品を対象に商品の説明文を変更できる機能です。やってみるとわかりますが、これは本当に便利。セラーの手間を軽減してくれるありがたい機能だと思います。

ここでは以下の変更が可能です。

（1）はじまりに追加
（2）終わりに追加
（3）検索して、置き換える

（4）削除
（5）詳細の再設定

　（1）と（2）は、詳細欄に入れている**商品説明文のはじまりや終わりに、別の文章を足すことができる**機能です。セールやイベント時には特に有効に使える機能だと思います。

　試しに（1）にトライしてみましょう。説明文の最初に【Offering a 25% discount to celebrate our 1st anniversary!】（オープン1周年記念で25％のセール実施中）という文字を入れてみます。このとき、必ず既存の文（前から入れていた文）と新しく追加する文との間にスペースを入れた上で、改行してください。スペースがないと文章がずらずらと続いてしまいます。

■セールのお知らせを商品説明に追加（管理画面のイメージ）

しかし、スペースと改行を入れれば問題なく表示され、セール実施中であることを強調できます。改行の必要がなく、文章をそのまま続けたいときにはスペースを入れるだけで OK です。

（3）「検索して、置き換える」も非常に重宝する機能です。**商品説明文の中から表現を変えたい箇所を探し出して、別の言葉に置き換える。**さらにこの作業を商品ごとに繰り返す。これは考えるだけでもうんざりの作業量ですが、Etsy のこの機能を使えば1回の手間で済みます。

手順としては、表現を変えたい商品をまず選びます。サンプルとして下に現在の商品説明文が表示されるので、その中から変更したい言葉をコピーして「検索」ボックスに貼り、「次の文に置き換える」ボックスのほうに置き換えたい言葉を入力しましょう。

すると、サンプルの文章がみるみる置換されていきます。最後に一番下にある「適用」ボタンを押すと、もうこれで変更終了です。1点でも2点でも、特定のセクションの商品だけでも、あるいは全商品でも詳細情報をあっという間に変更できます。

実際にやってみましょう。例として、商品説明文の中の「modern elegance and timeless beauty」（現代的な優雅さと永遠の美しさ）を、「contemporary sophistication and everlasting charm」（現代的な洗練さと永遠の魅力を備え持つ）に置き換えるとします。まずは検索ボックスに「modern elegance and timeless beauty」と入れ、「次の文に置き換える」ボックスに「contemporary sophistication and everlasting charm」を入力すると、サンプル文

がすぐに置き換わっていくのが確認できると思います。最後に「適用」を押せば完了です。置き換えたい商品すべてに一気に適用できるのが、この「検索→置換」機能の素晴らしい点です。

　しかし、注意点がひとつあります。「検索→置換」をスムーズに行なうには、**検索する文章が必ず同一であることが条件**です。複数の商品を対象に行なう場合、検索ボックスに入れた文章と同じでなければ置換できません。

　例えば、文章にスペースが余分に入っていたり、余計な改行がされていると、同一の文章ではないと判断されて、「検索→置換」機能が働かないのです。

　例をあげましょう。「modern beauty」と「modern　beauty」。一見、同じに見えますが、よく見ると後者は、「modern」と「beauty」の間にスペースがひとつ多く入っていることがわかります。この場合、同一の文章とは認識されず、この商品には「検索→置換」機能が効きません。ですから商品の説明文は変更されず、そのままです。別途、文章を置き換えなければなりません。

　うまく置き換えできない場合は、必ずテキストに何か問題（違い）があるはずです。文章をよく見直してみましょう。商品説明文を入れるときには、最初から違いが生まれないように準備しておく「ひと手間」も大切です。

■商品説明文の文章を置き換える(管理画面のイメージ)

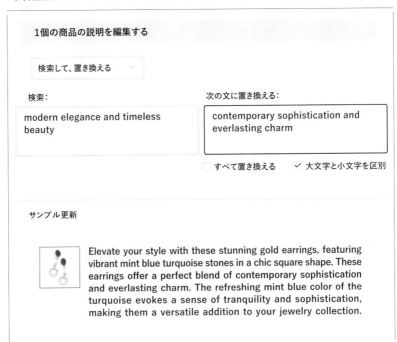

4章 Etsyならではの便利な機能と注意点

119

Lesson │03│

スムーズに一気に商品価格を変更できる

　「4.価格」の変更機能にも多くのセラーが助けられると思います。価格を1点1点変更するのは大変な手間ですが、「編集のオプション」機能を使えば、該当する商品の価格変更をスピーディに行なえます。価格を国内と海外とに分けて設定している場合でも、国内向けの価格変更、海外向けの価格変更を分けて行なうことができます。もちろん同時に変更することも可能です。

　変更は「価格昇順」「価格降順」「新しい価格を設定」「パーセンテージ昇順」「パーセンテージ降順」の5つから選んで行ないます。例えば、該当商品をチェックした上で、「価格昇順」を選び、価格の欄に「US＄10」と入れれば、一気に10ドル商品の価格がアップします。100ドルの商品なら110ドルに、150ドルの商品なら160ドルに早変わり。非常に便利な機能です。

　「5.パーソナライズ情報」の変更も簡単です。88ページでは名入れを例にあげ、お客様への説明文として「大文字でお願いします」と入れていました。これが、もし小文字の名入れにも対応できるようになったとしたら、ここで変更できます。

　「6.委託生産パートナー」については、「変更」というより「更新」と考えてください。パートナーが替わった、あるいはこれまで

入れていなかった情報を記入する場合、この機能を使います。

　「**7. 更新オプション**」は、商品が更新される期間を自動的に更新するか、あるいは手動にするかを変更できる機能です。先述したように、Etsyでは商品を出品すると4ヶ月で0.2ドルの出品料がかかります。ここで「手動」を選ぶと4ヶ月を過ぎた時点でその商品は出品されなくなりますが、「自動」を選んでおけば自動的に4ヶ月更新され、また新たに0.2ドルの出品料が発生します。

　「**手動**」**のメリットとしては、4ヶ月ごとに商品を見直せること**。いったん出品が切れてしまうので、惰性で商品が出品されたままという事態を防ぐことができます。ただし、手動更新の手間を怠ると、商品がいつのまにか店から消えてしまい、商品点数が少ないショップになってしまうリスクがあります。

　「自動」はその逆です。気がついたら商品は自動的に更新されていくので、商品点数が乏しくなる心配はない一方、お客様からほとんど見られていない商品や、クリスマスシーズン向けなど季節性の高い商品がそのまま残ってしまうことになります。

　使い方としては、店の看板商品やロングセラーアイテムについては「自動」を選び、季節性のあるものやトライアルで出してみた商品、かなり個性的な商品などについては「手動」を選ぶなどしてメリハリをつけるといいかもしれません。

Lesson |04|

商品やカテゴリーごとに送料を変えてみる

「**8. 送料プロフィール**」もぜひ使いこなしてほしい機能のひとつです。ここで言う「送料プロフィール」とは minne や Creema における「発送の目安」です。注文から何日後に発送するのか、いくつものパターンを用意しておけば、1点もしくは複数、あるいは全商品を対象に一気に変更できます。

通常は「注文から1－2日後」に発送しているけれど、注文が増えて納期が少し遅れそうだというときには、例えば「3－5日後」の送料プロフィールを設定し、該当する商品に適用します。完成させるまでに非常に時間がかかる商品に関しては、もっと長い日数の送料プロフィールを作成して、そのプロフィールを選びます。

minne や Creema にも同様の機能があるため、使い方としては難しくありませんが、先に述べたように対象商品を一括して選び、送料を変更できるのは Etsy ならではです。

「**9. 返品＆交換ポリシー**」の変更も感覚的に無理なく利用できると思います。

「**10. セクション**」を変更する機能を使えば、ショップで表示されるセクションの位置を簡単に並べ替えられます。試しに、ショップ管理ページの右側にある「セクション」から該当するセクション

を選び、右上の「管理する」をクリックしてみてください。いま設定しているセクションが表示されます。あなたのお店がもっとも目立たせたい商品のセクション（カテゴリー）は何でしょうか。そのセクションはトップページの目立つ位置にあるでしょうか。**自分の店でもっともお客様に訴求したい商品やセクションを一番上の目立つ位置に持っていくのはオンライン、オフラインを問わず小売店の鉄則です。**セクションごとにドラッグ＆ドロップすればショップでの表示の並べ替えは簡単です。このページから新たにセクションを追加することもできます。

ショップ内の見せ方にも工夫してみよう

Lesson |05|

お客様への英文メッセージもテンプレートで楽々

　注文後や発送後にお客様へ送るメッセージのテンプレート（パターン）も Etsy の優れた機能の代表格です。お客様からの質問や注文時、発送のたびにいちいち文章を書くのは日本語でも大変。あらかじめ何種類かパターンをつくっておき、その都度、適切なパターンをペーストして送るというのが一般的な方法だと思いますが、**Etsy なら注文欄からテンプレートを作成**できます。一度作成して保存しておけば、必要なときに適切なメッセージを送ることができます。英語でのメッセージ作成の負担を軽減してくれる優秀な機能です。

　作成方法は以下のとおりです。

① 「ショップ管理ツール」から「注文＆発送」を選択
② 注文内容の右側にカーソルを当てると「メッセージ」と表示されるアイコンがあります。これをクリック
③ メッセージボックス左下にある吹き出しマークのアイコンを選択
④ 一番下にある「＋」のアイコンで「新しいテンプレートを保存」を選択

　この要領で新しいテンプレートを作成し、保存しましょう。注文

番号が入ったURLが一番上に表示されるので、このままメッセージを作成してもいいし、このURLの上に文章を書き、URLを一番下の行に入れるという方法もあります。

　例えば、注文をいただいたお客様にすぐにお礼のメッセージを送るとすれば、次のようなテンプレート作成して「購入後のメッセージ」として保存します。

Thank you for your purchase !
I'm honored that you have chosen my shop.
I will ship it out within 　◯-◯ days (excluding Saturdays, Sundays and holidays).
And I will give you a tracking number as soon as I ship it.
Many thanks.

このたびはお買い上げいただきありがとうございます。当店をご利用いただき光栄です。◯〜◯営業日以内に発送します（土日や祝日を除く）。発送したらすぐに追跡番号をお知らせします。よろしくお願いします。

　この文章はあくまでも一例です。お店の個性に合ったメッセージをまとめてみてください。ただし、**納期については触れておいたほうがいいでしょう**。商品情報ページには納期が出ていますが、しっかりとチェックしているお客様ばかりとは限りません。「すぐに発送してくれると思っていた」「納期をよく理解してなかった」というケースも現実にありえます。購入後に念押しの形で伝えてくださ

い。

　このテンプレートはいくつも作成できます。例えば、商品を発送した後にメッセージを送るのなら、次のようにつくれます。

　　Hello
　　I sent ○○（商品）to you by JAPAN POST.
　　Tracking number is as follows,
　　××××××××××××××（追跡番号）
　　I would be happy if you could write a review on Etsy.
　　If you have any questions or concerns, please feel free to ask at any time.
　　Many thanks.

　　日本郵便で商品を発送しました。追跡番号は以下のとおりです。Etsy にレビューを書いていただければうれしいです。もしご質問やご不明の点があればいつでもお尋ねください。よろしくお願いします。

　このように英文をまとめ、「発送後のメッセージ」として保存します。商品によって納期が違っていたり、発送後に送りたいメッセージの内容が異なるというときにも、それぞれ個別にテンプレートを作成できます。

　テンプレートの中身は「テンプレートを管理」機能を使えば、い

つでも編集できます。お客様とのやりとりを重ねるうちに「いつも聞かれること」の傾向が見えてくるようになるでしょう。その質問への答えを事前にテンプレートで用意しておくと慌てることもありません。手間が一気に省けます。

　お客様に取扱説明書やFAQを送っても、しっかりと正確に読み込んでくれるとは限りません。取扱説明書を読めばわかることでも、質問されるのは日常茶飯事だと考えて、このテンプレート機能を使いこなし、迅速かつストレスのない対応を行なってください。

　ここでは、自分だけが見ることができるメモも追加できます。お客様には表示されることがない、日本語で記入できるメモです。例えば、注文後に「別の色や素材に変えてほしい」というリクエストを受けたとすれば、このメモ欄を使いましょう。自分へのアラートとして役立ちます。

■ テンプレートを準備（管理画面のイメージ）

Lesson|06|

お客様に確実に連絡を取る方法

　minne や Creema、Pinkoi と違って、Etsy で買い物をするときにはバイヤーは電話番号の記入は求められません。国際郵便の送り状では電話番号の記入は必須事項ではないため、必ずしも電話番号を知っておく必要はないのですが、**確実を期すためにバイヤーの電話番号を入れたいと考える方も多いはずです。**

　住所が万が一間違っていた場合、電話番号が記載されてさえいれば、郵便配達人が相手に連絡を取って確実に荷物を届けてくれるのではないか。もし強くそう思うのであれば、Etsy 経由でメッセージを送るのと同時に、**直接、お客様のメールアドレスに電話番号を尋ねるメールを送る**ことをおすすめします。

　注文欄のメッセージ機能を使えばお客様にメッセージを送ることはできますが、Etsy 経由のため見逃されてしまう（読まれない）可能性があります。確実を期すには、お客様のメールアドレスに直接メールを送る方法が有効です。

　メールアドレスを知るには、注文欄のお客様の名前の横にある▼マークをクリックしましょう。すると、注文履歴やメッセージ履歴とメールアドレスが表示されます。すかさずメールアドレスをコピーして、直接メールを送ってください。

Lesson | 07 |

オプション機能を使って ギフトラッピングを提供

次は「ショップのオプション」機能について説明しましょう。
①「ショップ管理ツール」から「ショップ設定」を選択
②「オプション」を選択
以上の手順で「ショップのオプション」機能にたどりつきます。ここでできるのは以下の7つです。

1. 商品の並べ替え
2. オーダーメイドの依頼
3. ギフトラッピングを提供
4. ギフトメモを提供
5. 商品情報の自動翻訳
6. 販売済み商品の公開
7. 現在のタイムゾーン

「1.商品の並べ替え」とは、あなたのショップを訪れたお客様が自由に商品の並べ替えができるように「カスタム」オプションボタンを表示する機能です。これがあればお客様は便利ですよね。デフォルトで「有効」になっているので、特に変更する必要はありません。

「2.オーダーメイドの依頼」は、お客様にオーダーメイド商品を受注していることをお知らせする機能です。こちらも最初から「有効」になっていますが、もし**オーダーメイドを受け付けていないの**ならここで「無効」をチェックします。

「3.ギフトラッピングを提供」はぜひとも活用してください。ギフト需要が高まります。「有効」にして、ギフトラッピングの価格を設定すると、すべての商品に「ギフトオプションあり」と表示されます。

ラッピングの価格はプルダウンメニューから選びます。1〜5ドルまで1ドル刻みで設定できますが、Etsyのおすすめは4ドル。ここはおすすめに従うのが賢明です。なお、ラッピングを無料にすることはできません。

ギフトラッピングの詳細や画像も入れましょう。例えば、クリスマスシーズン前にクリスマス用のラッピングを別途用意している場合には次のように記載します。

We normally use regular gift wrapping. If you would like holiday gift wrapping, please send a message.

通常はレギュラーラッピングでお送りします。もしホリデーギフト用（クリスマスシーズン）をご希望の場合はメッセージをお送りください。

そして、通常のラッピングとクリスマス用のラッピングの両方がわかる画像をアップします。

ラッピングは特に凝ったものでなくても問題はありません。厚いペーパーや派手なリボンなどをつけると重量が増えて発送費用が高くなる可能性があります。かといって輸送中に破損が起きても困ります。常識的かつ安全に輸送できるラッピングを行ないましょう。Creemaなどを見ていると日本のハンドメイド作家のお店のラッピングセンスや技術は高いです。自信を持って（送料に影響が出ないように）個性のあるラッピングを心がけましょう。

「4.ギフトメモを提供」機能は、お客様がギフトのオプションを選んだときに、自由にメッセージを入れられる機能です。特にショップ側の負担はありません。内容明細書に自動的にお客様のメッセージが入るので、印刷して商品といっしょに発送するだけでOKです。

「5.商品情報の自動翻訳」ももちろん「有効」にします。商品情報タイトルと説明文が、お客様が住んでいる国の主要言語に自動翻訳されます。最初から「有効」になっているので、このまま変更なしでいきましょう。

「6.販売済み商品の公開」と「7.現在のタイムゾーン」もそのままにしておきます。

Lesson |08|

統計データを使いこなして販促につなげよう

　統計データが使いやすくて見やすいのも Etsy の利点です。
①「ショップ管理ツール」を選択
②「統計」を選択

　この画面で、期間を切り替えれば、**訪問者数、注文数、コンバージョン率、売上の数字**を、今日、昨日、過去 7 日間、過去 30 日間、今月、今年、去年……、このすべての期間ごとに見ることができます。特定の期間にカスタマイズすることも可能です。

　前年の同時期と比較したときの増減率も見てみましょう。「前年比」のボタンをスライドすれば、グラフに前年の数字を同時に表示することもできます。

　以下の項目も数字で確認できます。

・商品のお気に入り数
・ショップのフォロー
・ショップのレビュー
・リピーターのお客様数
・リーチした都市
・カートに入ったままの商品

いずれの項目も、今後ショップをブラッシュアップする上では重要な情報です。また、これらの項目のうち、「商品のお気に入り数」と「リピーターのお客様数」「カート内に入ったままの商品」の欄には、下部に「**オファーの詳細**」のリンクが貼ってあります。ここをクリックしてみましょう。購買意欲を高められそうな施策を実施できる画面に移ります。

　例えば、「商品のお気に入り数」の下に出ている「オファーの詳細」をクリックすると、プロモーションコードを作成できるページに移ります。この機能を使えば**あなたの商品をお気に入りに追加したお客様に割引のプロモーションコードを送ることができます。**パーセントによる値引きのほか、一定額を値引きすることも可能です。最低注文個数や最低注文合計の金額のほかコードの有効期限も簡単に決められます。

　「カート内に入ったままの商品」の下にある「オファーの詳細」もクリックしてみてください。お客様が商品をカートに追加した後、**2時間以上カートに入れたままにしている場合**にオファーを送ることができます。同様に、一度購入していただいたお客様への感謝の印として、**再度の購入に対する割引を提示する「ありがとう」のオファー**も送付可能です。

　プロモーションコードは「ショップ管理ツール」からも設定できます。
①「ショップ管理ツール」から「マーケティング」を選択

②「セール＆割引」を選択

　この画面から、**ショップ全体や一部の商品の価格を低く設定する**「**セール**」**を開催**できます。在庫を一掃したいとき、新規のお客様を呼び込みたいとき、お客様によりたくさんの買い物をしてもらいたときに効果のある取り組みです。

　セールの割引額は設定できますが、**25％以上が原則**です。25％以下は不可。Etsyによれば「25％オフを提供したセラーは、セール期間中により多くの注文を受けています」とのこと。

　オファーを実施する国も選択できます。セール期間は最長30日。覚悟を決めてセールを実施し、ショップの知名度や認知度、集客力を一気に上げるのもよさそうです。

Lesson |09|

明細書と領収書を同封しよう

　商品を発送するときには内容明細書と注文の領収書をプリントして同封しましょう。内容明細書だけでも問題はないと思います。注文欄の右側にある「・」が縦に３つ並んでいるアイコン（封筒アイコンの下）をクリックしてみてください。すると以下の５つが現われます。

・印刷する
・発送予定日を更新する
・ギフトとしてマークする
・×　キャンセルする
・返金する

　このうち、「印刷する」を選ぶと、**内容明細書と注文の領収書の２つを選べる画面が現われます。どちらもカスタマイズ可能ですが、デフォルトで一般的な情報が選んであるので手を加える必要はほとんどないでしょう。**

　内容明細書はショップのアイコンや商品画像入りです。一方、注文の領収書は、カスタマイズで注文領収書のバナーを選ばない限り、文字だけのシンプルな内容です。お客様が「ギフト」としてチェックマークを選んだ場合には価格が入らない設定になります。

発送が完了したらお客様に通知しましょう。注文欄の右にある「チェックマーク」にカーソルを置くと「**注文を完了する**」と表示されるのでクリックし、プルダウンメニューから「今日」「明日」「明後日」のいずれかの発送予定日を選びます。明日、荷物を郵便局に持って行く、という場合には、ここで「明日」を選んで注文を完了することもできます。

　お客様へのメモがここで追加できるのも便利な仕組みです。このメモも先ほどのメッセージのテンプレートのように何種類もつくって保存ができます。例えば、使用方法にちょっと工夫がいる商品や多少のスレや汚れがあるヴィンテージ品を送る場合には、利用方法や注意点を入れるといいでしょう。商品の魅力や個性をメモ欄で伝えるのもいいかもしれません（あまり長いのは好まれないと思いますが）。

　メモの使い方は、「＋メモを追加」をクリックして、英文を入れます。作成したメモは名前をつけて保存します。もっともよく使うメモはデフォルトに設定できます。注文完了時に送る内容として、一般的な英文をあげてみました。

Thank you for your order. I have sent the package via Japan Post's EMS. It usually takes about 5 business days to arrive. Please wait a little while until it reaches you. Thank you very much.

ご注文をありがとうございました。日本郵便の EMS でお送りしました。通常は 5 営業日ほどで到着します。到着まで少々お待ちください。ありがとうございました。

あとは配送業者をプルダウンメニューから選んで、荷物の追跡番号を入力するだけ。「注文を完了」ボタンを押す前に、お客様にどのような形で Etsy からメッセージが届くのかをプレビューできます。荷物の追跡番号に間違いはないか、ラッピングを依頼されているのならちゃんと対応しているかなど、ここでしっかりと確認しましょう。プレビューして問題がなければ「注文を完了」をクリックします。

発送時、メモ機能を使ってお客様にメッセージを伝えよう

Lesson |10|

ショップをお休みするときには

　ショップを一時的にクローズしたいというときには「**おやすみモード**」を使います。
① 「ショップ管理ツール」から「ショップ設定」を選択
② 「オプション」を選択
③ 画面の上の「オプション」の右にある「おやすみモード」を選択

　このページから設定しましょう。時期を決めて休むときには「おやすみモード」を有効化し、休暇のお知らせメッセージを記入します。通常のショップからのお知らせに代わって表示されるメッセージです。他のハンドメイドマーケットプレイスにも同じような機能があるので操作は難しくないと思います。
　例文をあげてみましょう。

　Thank you for visiting our shop. We will be closed from ○○ to △△. Please wait for us to reopen.

　当店をご訪問いただきありがとうございます。○○日～△△日まで店を閉めております。再開をお待ちください。

また、自動返信のメッセージも入力します。お客様から問い合わせなどがあったときに自動的に返信されるメッセージの例を以下にあげます。一例ですが、再開後には必ず連絡を入れることをお知らせします。

Thank you for visiting our shop. We will be closed from ◯◯ to △△. We will notify you once we reopen.

当店をご訪問いただきありがとうございます。◯◯日〜△△日まで店を閉めております。再開しましたらお知らせいたします。

お休み期間がわかるとお客様も安心

Lesson |11|

ビューを落とさず、事実上 お休みにする秘訣

　店を休むときには「おやすみモード」にする以外にもうひとつ、別の選択肢があります。**納期を遅らせる**という方法です。

　日本では、年末年始やお盆のシーズン、ゴールデンウィークに多くのショップがお休みを取ります。店を閉めることはECの世界においてもごくごく一般的ですが、グローバルに見ればそうではありません。休みは国や地域によっても異なるので、一年中が商機といえば商機です。一度店を閉めるとどうしてもビューは落ち、回復するのに時間がかかります。かといってストレスなく店を継続していくためにも休みは取りたいですよね。

　そこでおすすめしたいのが、店を閉めずに送料プロフィールを変更して、納期だけを伸ばす方法です。**お店は開けたままにして納期だけを遅らせれば、注文が入っても作業に追われずに済みます。**1週間の休みを取るなら納期も1週間後に設定する。あるいは余裕を持って10日後に設定してもいいかもしれません。

　発送にそれだけ時間がかかると注文はやはり減ります。ビューも落ちます。しかし、**私がリサーチした限りでは、店をクローズするよりもビューや注文の落ち込みは少なく、休みが終わり、納期をもとに戻した時点で早々にビュー、注文ともに回復します。**

店をクローズしてしまってはそもそも注文を受けられません。納期を伸ばして注文の受け皿は開けておく。この方法は、実は台湾発のハンドメイドマーケットプレイスのPinkoiと同じです。Pinkoiでは、「休暇開始日」と「休暇最終日」と「発送再開日」の3つを入力すると、ショップのトップ画面バナーの下には「このショップは現在休暇中です。休暇期間：2024/07/16 〜 2024/08/01 ※休暇中もご注文いただけますが、発送の再開は2024/08/05 以降になりますのでご注意ください」という表示になります。休み中でも「注文はできるよ」とアピールし、機会ロスが発生しないようにしているわけです。

これをEtsyに応用したのが先ほどの方法です。ただし、このオプションには条件があります。**店を開けているので、お客様から問い合わせや質問がくる可能性があります。**店の評判にも関わるので、問い合わせがあったら迅速に応えなければなりません。

要するに、休暇中であってもEtsyから送られてくるメッセージには注意を払い、しかるべき対応をする必要があるということです。これではゆっくり休めないという方には不向きな方法ですが、選択肢のひとつとしてぜひ知っておいてください。

納期の調整で
お休みを取る

Lesson | 12 |

フォーラムで交わされている同業者の意見は参考になる

　Etsyの面白い点としてはセラーフォーラムの存在もあげられます。文字通り、セラー（Etsyに店を開いているショップオーナー）が集まるフォーラムです。ネット上にあるセラーたちが集い、**意見を交換し合う掲示板**だと考えてください。ここではテーマごとにセラーが英語でやりとりをしています。

　アドバイスを求めたり、悩みを打ち明けたり、愚痴をこぼしたり。「悪いレビューにはどう対応したらいいの？」「今年に入って売上が落ちている」「アカウントが停止されたのはどうして？」「動画をアップロードできない」など、リアルで切実な情報交換の場が広がっています。

　フォーラムには以下の手順でたどりつけます。
① 「ショップ管理ツール」から「ヘルプ」を選択
② 「セラーフォーラム」を選択
　セラーフォーラムは、Etsyからのアナウンスメント、クリエイティブなプロセス、店の運営、写真のコツ、マーケティング、顧客サービスの向上、発送、ショップの批評、成功例、技術的な問題、ファイナンス、Etsyのはじめ方、フランス語のコミュニティ、これらにざっくりとカテゴライズされていますが、キーワードで検索できます。

カテゴリーのひとつである「ショップの批評」はたびたび投稿があるテーマ。自分の店を他の店のセラーに客観的にレビューしてほしいという依頼に対して、他のセラーたちが率直に、かつ同業者だからこその優しく適切な批評やアドバイスを寄せています。翻訳ツールを利用しながら一度のぞいてみるのも楽しいですよ。その場を訪れれば、「ああ、悩んでいるセラーは自分だけではないんだな」と実感できるはず。モチベーションが上がり、ショップ運営のヒントもたくさんつかめると思います。

フォーラムに
お悩み解決の答えが
眠っている

Lesson | 13 |

広告を打つのは簡単、その効果は!?

　Etsyでは広告を打つのも簡単です。
①「ショップ管理ツール」から「マーケティング」を選択
②「Etsy広告」を選択
　この手順で広告を投入できるページに行ってみてください。広告の設定可能金額は、**最低1日1ドル、最大額は1日100ドル**です。最低額で広告を打つと、現在のレートでは1日150円、月にして4500円。ちょっとしたサブスク程度の金額ですが、金額を3ドルに上げると1日で約450円、30日で1万3500円です。はじめたばかりの店や低単価の商品を販売している店にとってはちょっと敷居が高いかもしれません。

　問題は、どれほどの効果があるのかですが、これはショップの個性や扱い商品によっても違ってくるので一概には言えないようです。広告の効果については、先に紹介したセラーフォーラムでも頻繁に話題として取りあげられています。誰しも気になるテーマなのです。試しにフォーラムで「effective」「ads」と入れて検索してみてください。広告の是非や効果について議論が沸騰していることがわかると思います。

　広告を打つべきか、打たなくてもいいのか。絶対の解はありませ

んが、打ちたいと思ったらすぐに1日1ドルからはじめられて、やめたいときにはいつでもやめられるのですから、打ち手が見つからず悩んでいるショップは試してみて、結果を検証してみるのも悪くないと思います。

　もっとも、率直に言うと私は「広告は特に必要ないかも」派。ひとりの客としてEtsyを訪問したときに、「Etsyセラーによる広告」と商品に表示されていると、それだけで敬遠してしまうタイプの消費者だからです。Googleで検索したときもそうですが、最初に表示されるスポンサードの記事（広告記事）はあえて避ける私のような消費者は意外に多いのではないでしょうか。

Lesson | 14 |

高レビューをこつこつ蓄積＆スターセラーを目指す

　予算をかけなくても集客できる方法はあります。それは、一にも二にもつくった商品を**誠実に販売してレビューを重ねていくこと**です。レビューの蓄積には時間がかかるため、即効性がある集客方法ではありませんが、長い目で見るともっとも効果的だと思います。

　積極的にレビューしてくれるお客様もいますが、できるだけ多くのお客様からレビューを獲得するには、発送時のメッセージに以下のような文章を付け加えるといいでしょう。

I would greatly appreciate it if you could leave us a review on Etsy.

レビューをいただければうれしいです。

　くどく言葉を重ねる必要はありません。**失礼のない表現でレビューをお願いし、投稿してもらえるように働きかけましょう。**

　特定のカスタマーサービス基準を満たした優秀なセラーであることを証明する「スターセラー」を目指すのも、効果的な集客方法のひとつです。セラーフォーラムでは「スターセラーにはあまり効果がない」との声もたくさん寄せられていますが、効果の大小はとも

かく、ショップにとってプラスの材料であることは確かです。
「スターセラー」の称号は、一定の要件を満たせば自動的に得られます。

　要件は以下のとおりです。
1. 最初のメッセージへの 24 時間以内の返信率　95% 以上
2. バイヤーからの評価　平均 4.8 以上
3. 商品を予定通りに発送＆追跡　100%
4. 最低注文数 5 件と売上 300 ドルを達成

　「2. バイヤーからの評価」とは、商品の品質・送料（発送の迅速さ含む）・カスタマーサービスの 3 つからなる評価の平均値です。4 の条件があるため、はじめたばかりのショップがすぐに「スターセラー」を獲得することは難しいと思いますが、千里の道も一歩から。高レビューをこつこつと蓄積していけば、あなたの店も必ず「スターセラー」に仲間入りできます。

　Creema や minne ではお客様のほとんどが何らかのレビューを残してくれますが、Etsy の場合、それほどの確率ではありません。4～5 人のうちひとりがレビューを返してくれる程度でしょうか。「無事に商品が届いたからレビューを書く」というよりも、「予想以上の驚きがあった」「感動があった」場合、つまりよい意味でお客様の期待値を超えたときに好レビューを寄せてくれます。そう、レビューのポイントは「期待値超え」。ちょっと大げさかもしれませんが、お客様に「感動」を与える作品とサービスを追求してくださいね。

Lesson | 15 |

同一人物からの
複数メールにはすべて返信する

　前項の通り、Etsy はスターセラーになるためのカスタマーサービス基準を設けています。そのひとつであるメッセージ返信率の目標は、スレッド内の最初のメッセージの 95% を 24 時間以内に返信すること。このメッセージ返信率の統計には以下のものは含まれません。

・最初のメッセージ以降の新しいスレッド内の進行中のメッセージ
・スパムとして報告されたメッセージ
・「Etsy より」のフォルダに表示される、Etsy からのメッセージ
・現在の評価期間外のメッセージ

　難しく考えることなく、お客様から問い合わせや質問が来たら1日以内に返事を返せばスターセラーの基準に到達できます。

　しかし、注意点もあります。**同じ人物から同じような内容のメッセージが複数それぞれのアカウントで届いた場合、ひとつのメッセージだけに返答するのはアウト**。ほかのメッセージをスルーすると返信率が下がります。例えば、「別の住所に送ってもらうことは可能ですか」という問い合わせが3通、同じ人物から同じ日に送られてきたとしましょう。本人は焦るあまりに何度も同じメッセージを

書いてセラーに送ってきました。

　こういった場合でもすべてのメッセージに返信をします。「了解しました。商品をお送りする住所は変更できますので、ご指定の住所をお知らせください」と返信するのは1通だけで構いません。他のメッセージには「別メッセージにて回答しておりますのでそちらをご覧ください」と簡単に返信すればOK。もちろん、同じ返事をコピペして送っても大丈夫です。重要なのはどんな形であれ、すべてのメッセージに必ず返信することです。

Lesson |16|

キャンセルしたいと言われたら

注文が入ったと思ったら、お客様から「キャンセルしたい」「返金をして」との要望が来てしまった……。ショップ側としては残念ですが、こればかりは仕方ありません。即座に対応しましょう。Etsy はその点もスムーズに行なえます。
①「ショップ管理ツール」から「注文＆発送」を選択
② 注文内容の右側に「・」が縦に３つ並んでいるアイコンから「×キャンセル」を選択（カーソルを当てると「メッセージ」と表示される）。モバイルの場合には「・」が横に３つ並んでいるアイコンから「×注文をキャンセル」を選択

まずキャンセルの理由をプルダウンメニューから選びましょう。「ショップオーナーが販売を拒否した」「お客様とショップオーナーがキャンセルに同意した」「ショップオーナーが取引を完了できない」「郵便中に商品が紛失した」「商品がショップに返品され、代金がお客様に返金された」の５つの選択肢がありますが、ほとんどの場合は、**注文後、まだ商品を発送していない状況でのキャンセルなので、「お客様とショップオーナーがキャンセルに同意した」** を選び、次の「お客様が商品を返品されますか？」の問いでは「はい」をチェックしてください。

その下には返金金額の詳細が表示されます。返金額合計の下にあるテキストボックスを使って、お客様にメッセージを送ることも可能です。付加価値税も合わせて返金されるので、キャンセルといっても手間はかかりません。その注文は無効になったものと見なされて、お客様のアカウントに返金されます。

　買い物をした後で気が変わることはよくありますよね。キャンセルの申し出を受けたら即座に手続きをして、**「迅速に対応してくれるお店」と印象付けることは大事**です。もしかしたら、またお客様の気が変わって今度は本当に購入してくれるかもしれません。重要なのはスピードと誠実な姿勢です。

キャンセル対応も慌てずに

Lesson |17|

Etsyサポートとの
チャットで問題を解決！

　Etsyのショップ管理ツールを開くと、右下にEtsyサポートとやりとりできるチャット欄があることに気づくと思います。この**チャット欄は1年365日、いつでも利用できます。**

　サポートの人が本当に返事をくれるの？　そう思われる方が多いかもしれませんが、返事はもらえます。AIが答えを生成している可能性もありますが、こちらの質問には必ず対応してくれ、必要であれば実在する（と思われる）サポート担当者からメールも届きます。

　148ページで、「同一人物と思われるメールが複数届いた場合、すべてのメッセージに返信しないとメッセージ返信率が下がります」と述べましたが、この情報を教えてくれたのもEtsyのサポート担当者です。こちらの疑問にはしっかり対応してくれる機能なので、何か不明点や気になることがあればチャットで確認することをおすすめします。

　ただし、返事が来るまでに時間がかかることがたびたびあります。すぐに返信が来る場合もありますが、5〜10分ほど待たされることも少なくありません。コールセンターに電話をしてなかなかつながらない状態と同じです。しかし、必ず返事はあります。返事が来

るまでチャット欄を開いたままにして粘ってください。

　チャットの履歴は残ります。過去の問い合わせやEtsyサポートの返事まですべてを後から確認できるのも便利です。利用するときには、聞きたい項目、注文番号などを事前にまとめておくといいでしょう。

第4章　Etsyならではの便利な機能と注意点

Lesson |18|

バイヤーとセラーを守る「Etsy購入保護プログラム」

　Etsyでは「**Etsy購入保護プログラム**」という制度を設けています。その名のとおり、**Etsyの利用者（セラーとバイヤー両方）を保護する制度**です。

　販売を重ねていくとさまざまなケースに遭遇すると思います。ましてや海外です。日本の郵便や宅配便事情と異なる（劣る）点も少なくありません。例えば、こんなことがあるでしょう。

・バイヤーが荷物を受け取れなかった（配送中に紛失したなど）
・商品が到着予定日後に届いた
・商品が破損して届いた
・商品は商品説明と写真には合致しているが、バイヤーは合致していないと主張

　しっかりと梱包をして、追跡番号をつけて国際郵便で発送したのになぜか途中で遅延が起きたり、荷物が途中で破損してしまう事態が起きないとも限りません。ほとんどの場合、不満を持ったバイヤーからまずはセラーに連絡が入るため、誠実に対応しさえすれば問題は解決します。「到着しない」という場合には荷物のステイタスを確認して、荷物の追跡情報や現在の荷物の場所をお知らせすれば問題ありません。

「到着予定日後に届いた」というケースの多くは日本側の問題ではなく、相手国側の郵便の問題です。セラーが予定通りに発送したのに遅れてしまった場合には、やはり荷物のステイタスや追跡情報を知らせて、こちらに不手際がないことを理解してもらいましょう。万が一「破損していた」という場合には画像を送ってもらい、対処します（代替品を送る、返金するなど）。

　しかし、問題がこじれてしまう可能性がゼロとは言えません。**問題が解決できない場合にバイヤーはEtsyにクレームを申し立てることができます。**そのときに発効されるのがこの「Etsy購入保護プログラム」です。

　対象となる注文は250ドルまでですが、バイヤーはEtsyから全額返金してもらえます。もっとも、セラーの売上から減らされるわけではありません。**セラーの売上はそのまま。保護規定に合致する場合においてはEstyが代金を肩代わりしてくれるわけです。**また、セラーに対してクレーム事例が開始されたとしても、セラーやそのショップにネガティブな影響を及ぼすことはない、とEtsyは断言しています。

　どんなにセラーが真面目に商品をつくり、丁寧に梱包し、追跡情報付きの国際郵便で迅速に送ったとしても、トラブルは起きるときには起きます。ほとんどが相手側の国の問題なので、日本側で打つ手はないのですが、もしクレームに発展したときにバイヤー、セラーともに助かるのがこのEtsyの保護プログラム。いざというときのセーフティネットです。もちろん、保護プログラムが適用されることがないのが一番であることは間違いありません。

Lesson |19|

Etsyの注意点
① 到着日表示が短い⁉

　ここまでEtsyの使いやすくて便利な機能について紹介しました。しかし、Etsyにも気にならない点がないわけではありません。デメリットと言うほどではないものの、次の3つの点は頭に入れておきましょう。

　まずひとつ目は**到着日表示**です。バイヤーの立場でEtsyのサイトやアプリを利用し、商品をチェックすると、「到着予定日」が表示されていることに気づきます。この予定日はセラーが記入したものではなく、注文した商品の発送までにかかる日数（セラーが商品を制作し、発送の準備をするのにどれだけかかるか）や、配送日数（配送業者によって荷物が配送されるのに通常どれだけかかるか）のコンビネーションに基づいて**Etsyが（勝手に）算出した日付**です。

　問題は、この日付が正しくないケースがあること。到着までに要する日数が、**セラー側が予定している日数よりも短く表示されているケースがある**のです。
　この場合、お客様から「書いてあった日数よりも長くかかった」と思われ、不満につながりかねません。どうやら日本の年末年始やゴールデンウィーク、お盆休みなどは考慮されていないようなので

仕方がないのかもしれませんが、お客様に誤解されてしまうのは困ります。

　誤解は避けたいという方は、お客様に注文のお礼メッセージを送るときに、だいたいの到着日を記しておきましょう。例えば、発送日を1〜2日にしていたら、下記のようにメッセージを送ります。

We will ship your order within two days. It will be sent via Japan Post's EMS and is expected to arrive within five business days. Please note that occasional delays may occur due to postal circumstances.

2日以内には発送します。日本郵便のEMSを使って発送するので5営業日以内には到着の予定です。まれに郵便事情の影響で遅延が起きることもありますのでご了承ください。

　そして、注文欄から「発送予定日を更新」をクリックし、予定日を入れておきます。発送までに少し時間がかかりそうだ、納期がちょっと後になりそうだ、というときに便利に使える機能です。

　発送が遅れそうなときにまずやるべきことは、お客様に事前に知らせることです。手間だと感じるかもしれませんが、事情を正直に伝えて（例えば材料の調達が遅れて制作に少し時間がかかっている、検品後に傷が見つかったので急きょ新しい材料を取り寄せている等）、情報を更新し、お客様に安心してもらいましょう。

一番よくないのは何も知らせないまま、商品の発送や到着が遅れてしまうことです。クレームの申し立てにつながりかねません。悪い情報はできるだけ早く伝えるのが原則。先手先手での連絡がセラーの信用につながります。

Lesson|20|

Etsyの注意点
②「勝手に外部広告」の
メリット・デメリット

2つ目のEtsyの困る点とは、オフサイト広告です。オフサイト広告とは、Etsy以外のサイトへの広告のこと。**googleやインスタグラム、ピンタレスト、フェイスブックなどのサイトにEtsyが商品の広告を入れ、広告経由でEtsyに注文が入るとセラーは広告料を支払わなければなりません。**事前にEtsyから「○○の商品をインスタグラムに広告しておいたよ」という連絡が入るわけではなく、売れてから「広告経由での注文です」と通知され、広告料が請求されるのです。

外部サイト広告の広告料は、あなたのショップが**Etsyで過去1年間に売り上げた額によって異なります。**
・売上が1万ドル未満：広告手数料が適用される前の売上額の15％
・売上が1万ドル以上：広告手数料が適用される前の売上額の12％
・ひとつの注文に対する手数料は最大100ドルまで

年に1万ドル、日本円にして約150万円以上の売上があると12％に減るとはいえ、通常の手数料に加えて広告手数料を取られるのは痛いです。

しかも、このオフサイト広告をはずすことができるのは、過去1年間の売上が1万ドル未満のショップのみ。1万ドル以上に増えると、

Etsyにショップを開いている限りにおいて、外部サイト広告に自動的に参加することになり、掲載商品の売上額の12％が広告費用として差し引かれます。

　「頼んでもいないのに勝手に広告をして、それで手数料を取るなんて」。以前、私はそう考えていました。
　でも、いまは考えが変わっています。オフサイト広告からの注文は、あなたのショップや商品の情報が及ばなかったところにリーチできたからこそ実現した注文です。**Etsyでただ粛々とショップを運営しているだけでは接点がなかった、目に留まらなかった層へアクセスできる機会をオフサイト広告が提供している**とも言えます。

　手数料が12％、もしくは15％というのは決して無邪気に払える率ではありません。少なくとも「参加する・しない」の選択肢があり、「参加する」場合と「しない場合」との反応を検証できる形にしてほしいとは思いますが、現状、見直される予定はないようです。
　であれば、前向きに考えましょう。自分たちがふだんあまりアクセスできない層からも注文が入った、まだまだポテンシャルはある！　そう考えたほうが健全で建設的だと思います。

Etsyが新しいお客様を連れて来てくれる「オフサイト広告」

Lesson | 21 |

Etsyの注意点

③ そのメッセージは本当に Etsyの運営サイドからですか？

最後に紹介する注意点は**詐欺メッセージや詐欺サイトの存在**です。ショップにはお客様以外に、Etsyの運営サイドからメッセージが届くことがあります。ショップ開設直後に来るメッセージやプロモーションをすすめるメッセージなど、頻度はそう高くありませんが、時折届きます。

注意したいのは、「アカウントに問題があったため、いったん閉じました。再開したい場合には以下の手順で手続きをしてください」といったメッセージです。内容からすると運営側からのメッセージのように思えますが、その判断はちょっと待った！ **Etsyからの正式なメッセージには、オレンジ色の「Etsy」と書いてあるバッジがついています。これがない場合は、Etsyと偽っているメッセージの可能性が濃厚です。**振込詐欺のようなメッセージには要注意です。

怪しいと感じたら、メッセージをスパムとして報告しましょう。スパム報告は、メッセージ欄の上部にある「スパムを報告」を選んでください。これによりメッセージはあなたのスパムフォルダーに移動され、Etsyへと報告が行き、そのメンバーから再度メッセージがあってもブロックしてくれます。

Etsy はスパムメールについて下記のように注意を促しています。怪しいと思ったらいったん立ち止まって、本当に Etsy からの連絡なのかどうかを確認しましょう。

- **Etsy のスパムメールへの注意喚起**

　・Etsy からの真正なメッセージは、常に「Etsy.com」の受信トレイに表示され、件名の下に「Etsy より」というバッジではっきりとマークされています。

　・もし誰かが Etsy のスタッフだと名乗っていてもメッセージが「Etsy.com」のフォルダーに入っていない場合、また「Etsy より」バッジがついていない場合には、そのメッセージをスパムとして報告し、返信はしないでください。

　・Etsy サポートがあなたのパスワードを尋ねることは決してありません。事前の通知なくリクエストしていない音声通話を行なうことはありません。正しいものでない可能性があるため、オンラインで出回っている電話番号にかけるのはやめましょう。

詳しくは、Etsy サイト「詐欺や不審なメッセージに対応するには」のページをご覧ください。

Lesson | 22 |

詐欺サイト、パクリサイトの出現に要注意!

4章 Etsyならではの便利な機能と注意点

　パクリサイトがEtsy上に現われることもあります。あるケースでは、**ショップの人気商品の写真や商品説明文をそっくりそのまま使った別のショップがEtsyに出店**していました。ショップと言っても販売しているのは、別のショップから盗用した写真と文章をつけた商品1点だけ。しかし、SEOに長けているのか、その商品の代表的なキーワードで検索すると、なぜかトップにはそのパクリサイトが表示されていました。長くその存在に気づかずにいたショップオーナーは、あるお客様から届いた「あなたの店の商品の画像がこの店にそっくりそのまま使われていますよ」というメッセージを読んで、初めてパクられていることを知ったそうです。

　すぐにEtsyヘルプセンターに連絡を入れ、結局、そのパクリサイトは早々にクローズされたのですが、2、3日後にはまた同じようなショップが別の店名で出現。再度、Etsyに報告したものの、その後、2回ほど同様のパクリショップが見つかりました。いまはすべて消えていますが、パクリサイトをチェックするために、そのオーナーは頻繁にキーワードを入れて確認作業をしています。

　もし仮に注文が入ったら発送はどうするつもりだったのでしょう。パクリサイトの真意を知る術はありませんが、あなたのショップもいつ別のサイトにパクられてしまうかもしれません。検索をまめに行なって確認するようにしてくださいね。

5章

これさえわかれば
海外発送も楽々

Lesson | 01 |

 海外発送の選択肢

　海外発送は「大変!」「面倒くさそう」「何かトラブルがあったときがこわい」と思ってしまいますよね。でもそのほとんど(ほぼ100%)は杞憂です。**場数を踏むごとに頭も手も慣れて作業が楽に感じられるようになります。**発送トラブルといっても誠実に対応すれば、クレームに発展することはまずありません。国内便と比べると国際郵便はやや遅延が目立ちますが、お客様に丁寧に説明することで問題は解決できます。心配をせずにまずはトライしましょう!

　トラブルを防ぐためにも、海外に荷物を発送するときには追跡情報をつけられる形で送りましょう。方法としては主に以下の4つがあります。
1. **日本郵便**
2. **フェデックス**
3. **DHL**
4. **UPS**

　2～4の方法は短時間で確実に届けられますが、費用が1万円前後します(Etsyでは送料のアップグレードで「2.フェデックス」などを追加する方法もあります)。結論を言えば、「**1.日本郵便**」**がもっともコストが安くて確実な方法です。**

日本郵便の海外発送便には、（**1**）**EMS（エクスプレスメールサービス）**、（**2**）**小型包装物（書留）**、（**3**）**国際小包**、（**4**）**SAL便**、（**5**）**船便**の5つの種類がありますが、（3）の国際小包は料金を比較すると（1）のEMSよりもやや割高です。（4）のSAL便は現在取り扱い停止中（2024年12月）。（5）の船便は1ヶ月以上の日数がかかるので、あまり現実的な選択肢とは言えません。

以前は、EMSよりも安く送ることのできる追跡付きのサービス、国際eパケットライトがあったのですが、現在は取り扱っていないので、選択肢は（1）EMSと（2）小型包装物（書留）の2つになります。

▪ **主な発送方法**

日本郵便	EMS
	小型包装物（書留）
	国際小包
	SAL便
	船便
フェデックス	
DHL	
UPS	

オススメ

Lesson |02|

荷物を追跡できる国際郵便で送ろう

　EMSはその名（エクスプレスメールサービス）の通り、**国際郵便の中では「速達」という位置付け**です。日本からアメリカに荷物を送ると、**早いときには3営業日ほどで届きます**。送り先やタイミングによってちょっとムラがありますが、平均すると5営業日前後といったところでしょうか。

　荷物がいまどこにあるのかは日本郵便の個別番号検索ページで簡単に追跡できるので、追跡番号付きならお客様も安心です。万が一のケース（破損など）に備える保証制度もあります。

　ただし、料金は日本郵便の中では高めです。例えば、アメリカに送る場合、500gまでは3900円ですが、100gごとに料金が高くなり、600gまでは4180円、700gなら4460円かかります。

　実はアメリカ宛のEMSの料金はコロナ前にはもう少し安く設定されていました。コロナ禍によって輸送コストや配達コストが上昇したことを受けて、特別追加料金が導入されたのです。ヨーロッパやオセアニアなどはすでに以前の料金に戻りましたが、アメリカについてはいまだに特別追加料金（400円〜）が上乗せされたまま。早く解除されることを期待したいものの、いまのところ日本郵便からそのアナウンスはありません。

　Etsyでの注文の大半はアメリカのお客様なので、アメリカに送

るEMSの料金が高いままなのは残念ですが、当面（あるいはずっと）続くと考えたほうがいいかもしれません。

　では、小型包装物はどうでしょうか。書留をつけるとプラス460円余分にかかるとはいえ、料金はEMSよりもずっと手頃です。国によっても違いますが、アメリカに100g以下の荷物を送る場合、830円プラス460円。合計で1290円で済みます。

　ただし小型包装物の配送日数はEMSよりずっとかかることを覚悟しましょう。日本郵便では6〜10日としていますが、10〜14日と見たほうが無難だと思います。

発送スピードと金額がマッチするものを選ぼう

Lesson |03|

送料無料にする？
それとも有料？

　ここで、500g以下の商品をアメリカとカナダ、イギリス、オーストラリア、台湾に発送したときの料金を比較してみましょう（料金はすべて日本郵便のサイトから確認できます）。

〈EMS〉

アメリカ	3900円
カナダ	3150円
イギリス	3150円
オーストラリア	3150円
台湾（全域）	1450円

〈小型包装物（書留付き）〉

アメリカ	2130円（1670円＋460円）
カナダ（全域）	1690円（1230円＋460円）
イギリス（全域）	1690円（1230円＋460円）
オーストラリア	1690円（1230円＋460円）
台湾（全域）	1210円（750円＋460円）

　いかがでしょう。
　EMSがいかに高いか、小型包装物がいかにお手軽かがよくわかります。東京から北海道に宅配便を送っても、いまや60サイズで

1460円します。書留付きの小型包装物の送料は国内便とさほど大きな開きはありません。

　では、どちらの方法を選んだらいいのでしょうか。
　わかりやすい基準が**商品単価**です。例えば、単価が1万円以上の商品を販売しているのであれば、Etsyは送料を無料にすることを推奨しているので、EMS分の送料を上乗せして価格を設定することをおすすめします。
　でも、単価500円の商品にEMSの送料（最低でも3900円）を乗せるのはちょっとつらいですよね。この場合には、小型包装物で十分だと思います。ただし、書留はつけることをおすすめします。お客様の安心度が違います。「当店では荷物を追跡できるように追跡サービスがつく配送方法でお送りします」という一文は、「信頼」と「安心」につながるのではないでしょうか。

▪ **お客様に追跡サービスを伝えよう（英文例）**

> We will send your package by a shipping method with tracking service so that you can track your package.
>
> 当店では荷物を追跡できるように追跡サービスがつく配送方法でお送りします。

Lesson |04|

事前に商品のHSコードを確認

　EMSで送るにしても、書留付きの小型包装物で発送するにしても、日本郵便の国際郵便マイページサービスから海外発送の手続きをして、**送り状をプリントアウトしなければなりません。**これは必須の作業です。
　登録は下記のサイトから簡単に行なえます。
日本郵便　国際郵便マイページサービス
https://www.int-mypage.post.japanpost.jp/

　サイト内の「はじめての方」のところから必要事項を入力しましょう。記入する必須項目は、名前、住所、郵便番号、連絡先電話番号、Eメールアドレス、パスワード、秘密の質問と答え、日本郵便からの案内の希望の有無です。記入して利用規約に同意すれば完了です。
　物品を送るときに税関への申告や検査などで必要となるインボイスを作成しなければなりませんが、**国際郵便マイページサービスから送り状を発行すれば自動的に必要枚数のインボイスが出力されます。**

　国際郵便マイページサービスに登録したら、いよいよ発送！　といきたいところですが、その前に商品のHSコードを調べましょう。

このHSコードとは、国際貿易商品の名称や分類を世界的に統一するためにつくられたコード番号です。日本では以下の9桁の統計番号がHSコードとして定められています。

① 「類（上2桁）」
② 「項（上4桁）」
③ 「号（上6桁）」
④ 「統計細分（下3桁）」

　HSコードは、③の「号（上6桁）」までは世界共通ですが、それ以下は国によって異なります。日本郵便で海外に荷物を送る際に作成する送り状には「号（上6桁）」までのHSコードを記入します。直前になって慌てなくて済むように、あなたのショップで販売している商品のHSコードを事前に調べておいてください。

　調べ方はいくつかあります。日本郵便では以下の3つでの検索を推奨しています。

①日本郵便の国際郵便　内容品の日英・中英訳、HSコード類の例
https://www.post.japanpost.jp/int/use/publication/contentslist/index.php

②税関Webサイト「輸出統計品目表のページ」
https://www.customs.go.jp/yusyutu/2024_01_01/index.htm

③税関Webサイト「関税分類検索ページ」
https://www.customs.go.jp/searchtc/jtcsv001.jsp

しかし、これらは日本語で検索できるものの、うまく該当するモノが見つからないケースがけっこうあります。いまひとつ実用性に欠けるのです。例えば①のサイトを使って、「バングル」「イヤーカフ」を検索すると、検索結果は「該当する内容品はありません」。古典的なカテゴリーにしかあまり対応していない印象です。
　ChatGPTに尋ねれば答えが得られますが、それが本当に正しいかどうかの確認をしたい場合にはいくつかの方法があります。

　そこで私のおすすめは、英語版ではありますが、**アメリカ合衆国国勢調査局のページ**からの検索です。非常に使いやすくできています。

アメリカ合衆国国勢調査局
https://uscensus.prod.3ceonline.com/

　一番上の「DESCRIBE YOUR PRODUCT（あなたの商品について説明してください）と書かれたボックスに商品のカテゴリーを英語で入力してHSコードを調べてみましょう。
　例えば、ゴールドを使ったバングルであれば「gold bangle」と入れて、「Classify」のボタンをクリックします。一番下のボックスに「7113.19.0000」という数字が現われます。HSコードとして使用するのは、最初の「7113.19」の部分。送り状にはこの6桁の数字を入力します。
　「bangle」の単語だけで検索をかけると、素材を問われる欄が表示されます。該当するものを選んでいくだけなのですが、やや手間

がかかるかもしれません。検索ボックスには最初から「gold bangle」や「wallet leather 」（革財布）のように、ベースとなる素材（ゴールドやシルバー、革など）を入れたほうがスピーディにHSコードにたどりつきます。

　中には、詳細な入力が求められる商品もあります。例えば、ラッピングペーパーのHSコードを検索すると、「Tell Us More About」の欄でfunction（機能）やform（状態）、length(長さ)や幅（width)について記入しなければなりません。プルダウンメニューから該当する答えを選んでいきましょう。

　もし、ラッピングを目的としたシート状のラッピングペーパーで、長さが30cm以下、幅15cm以上の長方形のサイズなら、HSコードは「4811.90」です。

　いったん調べて国際郵便マイページの送り状に記入すれば、次からは過去に入力したHSコードから選ぶ形になるので、二度手間にはなりません。とはいえ、調べたHSコードは必ずどこかに記録しておきましょう。

HSコードを調べておこう

Lesson |05|

送り状の発行方法

　海外発送時の送り状を作成する方法は、以下の日本郵便のサイトでも詳しく紹介されています。このページを参考にすると非常にわかりやすいと思います。

国際郵便マイページサービス　パソコン版の使い方
https://www.post.japanpost.jp/intmypage/howto.html

では実際にやってみましょう。
① 国際郵便マイページにログイン
https://www.int-mypage.post.japanpost.jp/

② 「オンラインショッピグツール」の中から「送り状作成」を選択

③ 「ご依頼主を選択する」から「次へ」を選択
　すでにログインしているので、登録した住所がアドレス帳に表示され、チェックマークがついているはずです。特に変更がなければ、右下にある「次へ」をクリックします。

④ 「お届け先を選択する」から「お届け先の入力」を選択
　届け先を前もってアドレス帳に登録している場合を除いて、お届け先を入力する必要があります。「お届け先の入力」ボタンをクリ

ックしてください。

⑤「お届け先情報の入力」に必須項目を記入

　「必須」印がついた項目を入力します。お届け先の名前か会社名のどちらか、国名、住所2（○番－○号　町名　○丁目）、住所3（区市町村名）は必ず入れてください。国名はプルダウンメニューから該当国を選びます。

　送り先がアパートやマンションであれば住所1に記入します。香港など郵便番号がない地域や国も一部ありますが、ほとんどはあります。郵便番号も忘れずに入力しましょう。**電話番号やメールアドレスもわかる限り、記載することをおすすめします。**

　入力が終わったら「次へ」をクリックします。Etsyの場合、購入したお客様のメールアドレスはわかりますが、電話番号はわかりません。確認したいときには4章の方法（128ページ）でお客様に連絡を取ってみてください。

　Etsyの場合、アメリカから注文が入ると注文欄の発送先住所の下に「✓ USPS認証済み」というグリーンのマークが記されていると思います。これはアメリカの郵便公社USPSが確認できた住所であることを示すマークです。このマークがあれば住所の記述に問題がないことがわかります。「✓ USPS認証済み」のマークがなくても届かないというわけではありませんが（ほとんどは問題なく届きます）、もし気になる場合にはお客様に「この住所で合っていますか」という確認を取るといいでしょう。

⑥「内容品を登録」で発送手段を選択

177

発送手段を選ぶ欄です。先に述べたように、「EMS（物品）」か「小型包装物（書留）」のどちらかを選んでクリックし、下部にある「内容品の入力」欄に以下の項目を入力します。「小型包装物（書留）」を選んだときには、「発送方法の選択」として「航空便」のボタンを忘れずに押しましょう。

・内容品名
・単価
・通貨単位（プルダウンメニューから USD/ドルを選びます）
・原産国（プルダウンメニューから JAPAN を選びます）
・重量（g）
・HS コード
・個数

　記入が済んだら「追加」ボタンを押します。複数の商品を送る場合には、同じ要領で記入します。ついで、その下にある「内容品種別」を選択しましょう。「贈物」「書類」「商品見本」「販売品」「返送品」「その他」からプルダウンで「販売品」を選んでください。さらに内容品の総額を日本円換算で記入します。そのときのレートで計算して入れましょう。

　必要項目の記入が済んだら「危険物についてのご確認」のボックスにチェックを入れ、「次へ」のボタンをクリックします。

⑦「発送関連情報」を登録

　このページでは以下の項目を記入します。

・発送予定日

・個数 / 総個数
・損害要償額

　個数は1個であれば「1/1」、2個口あるうちの1つ目なら「1/2」のように入れます。損害要償額の欄には前のページで入れた「内容品の総額」（日本円）を記入します。2万円以上の場合には2万円ごとに50円の追加料金が発生します。もし2万円以上の商品でもそれ以上の損害賠償が特に必要でないのであれば、2万円と記します。記入したら、「次へ」ボタンをクリックしてください。

⑧「登録内容」の確認

　登録した内容をチェックするページです。依頼主（あなた）の住所、お届け先（バイヤー）の住所に間違いはないでしょうか。**とりわけバイヤーの住所は慎重を期して、ミスがないことを確認します。修正する場合には「お届け先を修正する」ボタンを押します。**このページから「内容品を修正する」「発送関連情報を修正する」こともできます。間違いがないことを確認できたら、「送り状を登録する」ボタンをクリックしましょう。登録作業はあとワンステップを残すのみです。

⑨ 送り状の印刷をする

　送り状の登録が完了したら「注意事項に同意して送り状を印刷する」ボタンをクリックしてください。送り状の画面に切り替わったら黒い枠の中にある「プリンター」アイコンを押して印刷する、もしくはいったんダウンロードしてから印刷しましょう。印刷が終わ

ったら「印刷終了」ボタンを押します。

　なお、「注意事項」とは「専用パウチ」のことです。印刷した送り状は署名をした上で国際郵便専用のパウチに入れて荷物に添付する必要がありますが、パウチは郵便局から無料で手に入ります。大量に求める場合は本局に申し込んでください。50枚単位で持ってきてくれます。

⑩ 送り状に署名をする

　EMSは国によって送り状の枚数が変わります。アメリカは5枚、イギリスは6枚、オーストラリアは4枚です。ページの下部の署名欄に署名をします。漢字でもOKです。なお、どの国宛でも送り状の最終ページに署名欄はありません。最後のページは切り離し、線にハサミを入れて3つに分けます。すべて合わせてパウチに入れてください。

　小型包装物（書留）の送り状は、国を問わず全1ページ。「署名および日付」の欄に記入しましょう。2024年10月1日なら「2024/10/1 ○○（署名）」と入れます。EMS同様、切り取り線にハサミを入れて3枚にし、パウチに入れ、荷物に貼りましょう。

　荷物を郵便局に持って行く際には、**「国際郵便の申告書」**も持参します。この用紙は郵便局に置いてあります。コピーして使っても構いません。頻繁に荷物を出すという方はあらかじめ郵便局から用紙をたくさんもらっておくか、コピーしてストックしておくといいでしょう。

　「国際郵便の申告書」は、以下の項目を満たしているかどうかを

確認するための書類です。

- ☑ 通関電子データの送信義務及びＥＵ加盟国等宛てのＨＳコード類送信推奨について理解している。
- ☑ 郵便物の内容品を具体的に把握し、全ての内容品をラベルの内容品欄に記載している。
- ☑ 郵便禁制品が含まれていないこと、名宛国の差出条件を満たしていることを確認している。
- ☑ 航空危険物を理解し、航空危険物が含まれていないことを確認している。

以上の4つ項目のチェックボックスに✓を入れ、「内容品の合計価格が20万円を超えているか」の欄の「超えている」「以下である」のどちらかにチェック（✓）を入れます。一番下が日付と署名欄です。

さあ、これで書類作成は本当に完了です。送り状を入れたパウチを荷物に貼って郵便局の窓口に持っていきましょう。EMSはWeb集荷サービスで依頼する、もしくは本局へ電話をすると集荷に来てもらえます。時間指定もできるので便利です。

送り状の出力は一度覚えておくと次からは楽

Lesson | 06 |

送料を抑えるアイデアあれこれ

　minneやCreemaに店を出しているという方なら段ボールや梱包材、緩衝材については特に説明の必要はないでしょう。それぞれのショップで商品にふさわしい箱やラッピングペーパー、緩衝材などをご用意されていると思います。

　ここで付け加えるとすれば、**国際郵便では「できるだけ軽く」が大原則**だということです。紙の量が増えれば重くなり、郵送料金が跳ね上がります。

　プチプチなどの緩衝材を入れすぎてはいないでしょうか。カタログやブランドブックなどの紙の資料をたくさん詰めてはいないでしょうか。紙は意外と重さがあります。重量を抑えつつ、安全に商品を海外のお客様の手元に届けられる方法を検討してみてください。

　取扱説明書や使い方ガイドなどを入れたいという方は、紙ではなく、**PDFにしてお客様へのメッセージに添付する**ことをおすすめします。ハンドメイドマーケットプレイスでは、どこもメッセージ欄からPDFを添付できます。

　使い方や着用方法などを動画で撮影し、そのURLリンクをお客様に送るという方法もあります。ドロップボックスなど、動画を保存して共有できる無料のクラウドストレージサイトを使いましょう。この方法ならお客様は好きなときに何度でも視聴できます。

ただし、Pinkoiでは URL を貼るとメッセージを送付できなくなります。その場合、URLの冒頭の「http」を取ってリンクを貼り、お客様には「頭に http をつけてください」というメッセージを付け加えます。

送料を抑える方法をまとめてみました。
・紙類や緩衝材はむやみに多く詰めこまない
・資料等は PDF で送り、できるだけお客様にプリントアウトしてもらう
・使い方は動画に撮ってリンクをお客様に送る

国際郵便は窓口で厳密に重量をチェックされます。500 g 以内のつもりだったのに、窓口で測ったら少しだけ超えていた……。そうなるとアメリカ宛の EMS の場合、料金は 3900 円から 4180 円にアップします。300 円弱の差も積み重なると痛いですよね。破損が起きないセーフティな梱包を追求しつつ、できるだけ送料を抑えられる発送を目指しましょう。

少しでも軽くなる工夫をしよう

Lesson | 07 |

代行会社を使う方法

　さて、ここまで海外発送時の作業について述べきました。面倒くさいと思われる方も多いと思います。慣れれば楽そう、ルーティンになればさほど気にならないという方もいれば、毎回毎回この手間は耐えられないと思う方もいるでしょう。

　その場合には代行会社を利用するというオプションがあります。ただし、他者の手を借りるということは手数料とイコールです。**代行会社は月額課金制と従量課金制に分けられ、前者は月額1万円前後、後者は1件につき300円前後の手数料が発生します。**もちろん送料は別です。プロが作業を行なうためミスが発生するリスクは抑えられますが、柔軟な対応（ギフトや急ぎでの発送、キャンセルなど）は難しいというデメリットもあります。

　あとはあなたの考え方次第。最初は自分ですべて作業を行なって、注文数がある程度増えてきた段階で代行会社の利用をはじめる、というお店はたくさんあります。繁忙期以外の注文点数は比較的安定しているので、代行会社を使うことなく、ずっと自分たちで送り状を作成して発送を続けているというお店もあります。

　自分で発送するのか、代行会社を使うのか。いずれにしても一度は自分で国際郵便を経験してみて損はありません。海外に荷物を送るために必要な項目や手順を知っておくことは、海外販売を行なう方にはとても有益な経験だと思います。

6章

お客様との英語のやりとりが楽しくなる！

Lesson |01|

AI自動翻訳ツールを駆使して英語の心配を吹き飛ばそう

　英語は海外発送の前に立ちはだかる最大の「壁」かもしれません。「たくさん質問がきたらどうしよう」「キャンセルとか多そう」「クレームをつけられたら英語でどうやって返せばいいの？」、いろいろな場面を想像すると不安になりますよね。

　しかし、そうした心理的な「壁」は翻訳ツールを使ってさくっと乗り越えてしまいましょう。心配はいりません。テクノロジーを活用すれば、英語に関する不安は雲散霧消します。

　具体的な翻訳ツールとして次の3つのサービスがあります。

1.Google 翻訳
2.DeepL
3.ChatGPT
4.Gemini

　いずれも **AI（人工知能）を使って別の言語に自動翻訳できる技術**です。ほかにも、Microsoft Translator や Qlingo など自動翻訳ツールは多数開発されていますが、ここでは代表的なものを取り上げます。それぞれに特徴があるので、自分と相性がよいと思えるツールを使いましょう。

　まず「1.Google 翻訳」は言わずと知れた Google が提供している

無料サービスのひとつ。人間の脳神経回路を模したニューラルネットワークを利用して、単語の連なりからあてはまる可能性の高い言葉を選び出す機械翻訳のアプローチです。Google の強力なインフラをベースに 100 以上の言語に対応しています。

「2.DeepL」はドイツの DeepL SE 社が開発した機械翻訳サービス。やはり Google 翻訳同様、ニューラルネットワークを利用した機械翻訳で、より自然で文脈を理解した翻訳が可能です。この DeepL が 2017 年に登場した当時は、ついに「自動翻訳もここまできたか」と感動したものです。

■ 4つの翻訳ツールの特徴

Google 翻訳	DeepL
・無料 ・多言語対応 ・音声入力、カメラでの文字認識、リアルタイムチャット翻訳など、多機能を提供 ・誰もが Google を知っているので認知度が高い	・高精度な翻訳 ・ビジネス文書に強い ・ヨーロッパ言語同士の翻訳が得意 ・無料版と有料版あり ・無料版で翻訳できるのは 1ヶ月で 3 ファイル、容量は 1 つにつき 5MB ・有料版はスタータープラン（月額 10.49 ドル）アドバンストプラン（月額 34.49 ドル）アルティメットプラン（月額 68.99 ドル）
ChatGPT	**Gemini**
・対話形式 ・質問応答、物語やイラストの創作、アイデアの提供も可能 ・無料版と有料版あり ・有料版は ChatGPT Plus が月額 20 ドル、ChatGPT Team が月額 30 ドル、ChatGPT Enterprise は個別見積もり	・対話形式 ・Google 検索や Gmail、Google マップなどのサービスを対話形式で操作可能 ・ユーザーの意図やスタイルに応じて回答のトーンや内容を調整 ・テキスト、画像、音声、動画など複数のデータを組み合わせた対話も可能 ・無料版と有料版あり ・有料版の Gemini Advanced は月額 2900 円

「3.ChatGPT」は、アメリカの OpenAI が開発した対話型の AI モデルです。実はこの ChatGPT もニューラル機械翻訳を基盤にしています。つまり、技術的な基盤としては三者にあまり違いはないのですが、目指す方向や使い方が違います。

「4.Gemini」はグーグルが開発した対話型生成 AI なので、グーグルのサービスと連携させて使う方には向いていると思います。翻訳については ChatGPT と大きな違いはありません。好みもあると思います、個人的には ChatGPT のほうが精度が高いと感じています。かなり情感のこもった（つまり、少しオーバーな）表現も提案してくれるのは Gemini です。

まとめると、便利な機能を無料でたくさん使えるのが Google 翻訳、ビジネスや専門性の高い用途に強いのが DeepL、対話型で創作などの幅広い用途に使えるのが ChatGPT と Gemini と言えるでしょう。

Lesson |02|

対話型のChatGPTを使えば英文も思いのまま

私がおすすめしたいのは対話型ChatGPTです。**プロンプト（ユーザーが入力する指示や質問、依頼）に対応してくれる**というのが理由です。文章をただ英語に翻訳してくれるだけではなく、いろいろな指示を出せるのはChatGPTならではの強みです。

例えば、できるだけ文章を英語として自然な表現にまとめたいときには、翻訳してほしい日本語を入れた後に「**英語としておかしくない自然な表現に訳してください**」とプロンプトします。お客様にお詫びをしなければならないときに真摯な謝罪の意を込めた文章を書きたいのであれば、「**丁寧にお客様にお詫びをしたいので、謝罪の意が伝わる文章にしてください**」と入れます。

対話型AIなのでプロンプト次第でさまざまな使い方ができます。翻訳後に「ここをもうちょっと変えたい」「別の表現はないのだろうか」と疑問に思ったときにもすぐに指示を出してブラッシュアップできます。

「Etsyで売上を伸ばすにはどんな方法が考えられますか」のような質問をしてもちゃんと答えが返ってきます。もっとも、このような問いかけに対してChatGPTから得られるアイデアは（いまのところ）極めて普通で当たり前、ひねりも発見もほとんどありません。

Etsyのセラーガイドブックに出ていることの焼き直しが大半で、要するにありきたりでつまらない。

　ChatGPTをうまく使うには、質問を丸投げするのではなく、「**ここをこんなふうに変えてみて**」という具体的な指示を出すのがもっとも効果的だと思います。
　例えば、商品説明の文章を作成したら、「Etsyに出している商品にこの説明文をつけます。できるだけ読んだ人にショップの魅力が伝わるようにしたいです。もし変えるとしたらどこでしょうか。修正を入れた英文とその理由を表示してください」のように問いかけてみましょう。根拠を知って判断材料を得るのです。

Lesson |03|

ChatGPTは無料と有料、
どちらがいい？

　なお、ChatGPTの無料版（ChatGPT-3.5）と一番安い有料版（ChatGPT Plus）の違いは以下のとおりです。

〈無料版〉
・一般的な質問や日常的な対話の精度は高い
・複雑なタスクや専門的な内容には限界あり
・１日の使用回数やセッション時間に制限あり

〈有料版〉
・より高度で複雑な質問にも対応可能
・専門的な内容やクリエイティブなタスクも無料版より強い
・無料版より利用制限がゆるく、より多くの質問や長時間のセッションが可能

　正直、無料版と有料版とで翻訳の質にそれほど大きな違いはないと感じています。有料版の一番のメリットは制限がかなりゆるい点。無料版の場合、１分あたり最大60回、１日あたり最大4000回の利用という制限があり、１時間以上利用していると、「Too many requests in 1 hour. Try again later.」と表示されて使えなくなることがあります。

いったん使えなくなったら、その後1時間待ってもまだつながらないということもあるので、翻訳ツールの使用頻度はあまり多くなさそうという方、日本語をただ英語にしたいだけだから他の機能は特に必要ないという方は、Google 翻訳や DeepL、ChatGPT の無料版で十分事足りるでしょう。でも、もしそれなりの頻度でクリエイティブな使い方もしてみたいという方であれば、そつなくストレスなくスムーズに使える ChatGPT の有料版をおすすめします。

翻訳ツールはどこも精度を上げてきています。学習を重ね、ノウハウを蓄積し、どんどん賢くなっています。自分が使いやすいと思うツール、馴染めそうなツールを使うのが一番ではないでしょうか。

まずは各ツールを使ってみてから選ぼう

Lesson | 04 |

翻訳ミスを抑える3つのコツ

　先ほど、AI自動翻訳ツールはどれも非常に賢くなっていると述べましたが、それでも間違いはあります。こちらが予期せぬ単語を入れてくることもあります。そうしたミスをできるだけ防ぐには以下の3つの点を意識してください。

1. 文章は短く
2. 主語を明確に
3. 難しい言葉は使わない

　「**1. 文章は短く**」というのは、翻訳ツールを使うときにボックスに入力する文章の長さです。**文章が長くなればなるほど、ハルシネーション（もっともらしいうそ）が見受けられるようになります。**また、翻訳文をよく見たら、途中にある文章が飛ばされていた、ということもあります。面倒くさいからと言って、日本語で長文を作成して一気に翻訳するのはストップ。短めの文章を1つ、多くても2つにして、英語に翻訳しましょう。

　「**2. 主語を明確に**」することも重要です。**日本語は特に主語を入れなくても会話が成立します。**「私はそう思います」とわざわざ言わなくても、「そう思います」で意図は伝わりますよね。
　しかし、英語では「I think so.」です。親しい相手に対しては、

主語や動詞を省略したくだけた表現をすることはありますが、お客様へのメッセージとしては不適切です。

　また主語だけではなく、所有代名詞や目的語もはっきりとさせましょう。**誰のところに送る商品なのか、誰がリクエストしたものなのか。**この点をはっきりとさせていないと、「お客様に送る」という文章が「あなたに送る」になっていたり、「お客様が注文した商品」が「私が注文した商品」に翻訳されるケースもあります。

　「**3. 難しい言葉は使わない**」ことも注意したい点です。これには日本語ならではのもったいつけた丁寧表現も含まれます。「恐縮です」や「お手数をおかけしますが、よろしくお願い申し上げます」のような表現はニュアンス的に英語にはしづらいのです。

　丁寧さは必要ですが、**文章としてはシンプルが一番。**「ご注文ありがとうございます。当ショップをご利用いただけてうれしいです。明日、発送します。到着まで少しお待ちください」ぐらいの簡潔な表現にとどめて英訳し、最後に「よろしくお願いします」の意図で「Many thanks」「Thanks」で締めくくればそれでOK。

　それから、「荷物」という言葉の英訳が「Package」ではなく「Luggage」になっていないかどうか確認してください。「Luggage」はスーツケースのような荷物を表わす単語です。「Luggage」に訳されてしまうケースはかなりの確率で起こり得るので、最初から「パッケージ」という単語を使うか、あるいは「ご注文の品」(The item you ordered) や「商品」(Product) という単語を使った上で英訳したほうが無難です。

Lesson | 05 |

お客様との主なやりとりでの英語対応

お客様とやりとりをする機会は大きく次の3つに分けられます。

1. 質問時（クレームを含む）
2. 注文時
3. 発送時

1〜3のすべての場面において、**メッセージが届いたら24時間以内の返信を心がけましょう**。4章で紹介したEtsyのスターセラーを獲得するには、この24時間以内の返信が重要な指標のひとつになります。

「1.質問」にはすぐに回答できればベストですが、もし回答に時間がかかりそうなら、まずは次のように返信するといいでしょう。

Thank you for your message.
I will get back to you shortly with an answer, so please wait a moment.

ご質問を承りました。この後すぐにお答えしますので少々お待ちください。

ポイントとしては、「必ず回答しますよ」という積極的な姿勢を見せることです。聞かれたことに対して少し調べる必要があったり、

文章作成までに時間がかかりそうなら、まずは「メッセージは見ましたよ」「回答はちゃんと後で送りますよ」という連絡を相手にしましょう。信頼感につながります。

「2.注文」が入ったときも「3.発送」した後も、すかさずメッセージを送ってください。商品を買うとハンドメイドマーケットプレイス側からバイヤーにメールが届きますが、加えてセラーからも「ありがとうございます」というメールが届けばバイヤーも悪い気はしません。

単に「Thank you!」と返事が返ってくる場合もあれば「Sounds good, thanks so much!」（素敵、ありがとう）のような反応がある場合もあります。あるいは「I am very excited to purchase this from you and I look forward to receiving it.」（あなたからこの商品を買えてすごく興奮しています。届くのが楽しみ）といった熱い返事が来る場合もあります。まったく反応がないケースも多いのですが、反応があればラッキー＆ハッピーといったスタンスで、「ご購入ありがとうございます」という感謝のメールを送ってみてください。

「3.発送時」も同じです。EtsyもPinkoiも荷物の追跡番号を入れる欄がちゃんとありますが、それとは別にメッセージでお知らせしましょう。例えば、以下のような内容です。

Hello
I have just shipped your order via JAPAN POST EMS. The

tracking number is as follows.
EN ××××××××× JP（追跡番号）
You can check the tracking status on the following website.
https://trackings.post.japanpost.jp/services/srv/search/input?locale=en
（日本郵便で発送した荷物を追跡できる英語のサイトの URL）
Normally, it should arrive in about five business days. Please wait a little longer until it arrives. If you could kindly leave a review on Etsy, I would greatly appreciate it.
Thank you very much for your purchase.

いま、ご注文の品を日本郵便の EMS で発送しました。追跡番号は以下のとおりです。
以下のサイトで追跡情報をご確認いただけます。
通常であれば5営業日ほどで到着します。到着まで少々お待ちください。Etsy にレビューを書いていただければ光栄です。
このたびはありがとうございました。

「ちゃんと発送しましたよ」「追跡番号も確認いただけますよ」とお知らせするメッセージはお客様に安心感を与え、よいレビューにつながります。**きめ細かな連絡や対応は高レビューを呼び、それがまた新たなお客様の獲得に結びつきます。**

レビューというものは、お願いしたからといって書いてもらえるわけではありません。「レビューを書いてあげたい」「この店にはちゃんとレビューを残したい」と思ってもらえる働きかけが重要です。

Lesson |06|

 海外販売でいますぐ使える英文例

　本章の最後に、すぐに使える英文例を場面ごとにご紹介します。先に紹介した文例も掲載しています。シンプルな文章ばかりですが、これぐらいの内容で十分に通用します。

　お客様も英語ネイティブとは限りません。第二言語として利用している方もたくさんいます。文法的には疑問符がつくようなメッセージを受けることもたびたびあると思います。目指すは、**まわりくどい表現ではなく、わかりやすい表現**。シンプルだけど決して雑ではなく、誠意が伝わる表現を心がけてくださいね。

〈注文時〉

　このたびはご購入いただきありがとうございます。いま発送の準備をしております。約○営業日以内には発送します。もし何かご質問があればいつでもお尋ねください。ありがとうございました。

Thank You for Your Order!
I am currently preparing your order and will ship it within about ○ business days. If you have any questions, please don't hesitate to reach out.
Thank you again for your purchase.

〈お客様に電話番号を尋ねたいとき〉

送り状に届け先の電話番号を記入する必要があります。よろしければあなたの電話番号を教えていただけますでしょうか。よろしくお願いします。

I need to include the recipient's phone number on the shipping label. Could you please provide me with your phone number?
Thank you.

〈発送時〉

いま、ご注文の品を〇〇で発送しました。追跡番号は以下のとおりです。以下のサイトで追跡情報をご確認いただけます。通常であれば5営業日ほどで到着します。到着まで少々お待ちください。Etsyにレビューを書いていただければ光栄です。このたびはありがとうございました。

Hello
I have just shipped your order via 〇〇（発送方法）. The tracking number is as follows.
××××××××××××（追跡番号）
You can check the tracking status on the following website.
https://trackings.post.japanpost.jp/services/srv/search/input?locale=en
Normally, it should arrive in about five business days. Please

wait a little longer until it arrives. If you could kindly leave a review on Etsy, I would greatly appreciate it.
Thank you very much for your purchase.

※発送方法については次のように書きましょう。
　・EMS → 　JAPAN POST EMS
　・国際書留郵便 → JAPAN POST International Registered Mail

〈問い合わせ時　＊あとから回答を送る場合〉

メッセージをありがとうございます。お尋ねの件、のちほど回答いたしますので少々お待ちくださいませ。

Thank you for your message.
I will get back to you shortly with an answer, so please wait a moment.

〈問い合わせ時　＊すぐに回答する場合〉

メッセージをありがとうございます。お尋ねの件につきまして、以下に回答をまとめました。ご参考までにご覧ください。よろしくお願いします。

Thank you for your message.
Regarding your inquiry, I have compiled the following response.
○○○（回答を入れる）

Please take a look for your reference.
Many thanks.

〈発送はいつになるのかと質問されたら〉

注文の品は○月△日に発送予定です。通常であれば×営業日ほどで到着すると思います。よろしくお願いします。

The item you ordered is scheduled to be shipped on [○月 △ 日]. Under normal circumstances, it should arrive within approximately [×] business days.
Thank you.

〈注文のキャンセルを希望されたら〉

ご注文をキャンセルされたいとのこと、承りました。いま手続きしますので少々お待ちください。よろしくお願いします。

I have received your request to cancel the order. I will process it shortly, so please wait a moment.
Thank you for your understanding.

もし、お客様が特にキャンセルの理由について触れていない場合には、次のような文を加えてもいいでしょう。

可能であれば、キャンセルの理由を教えていただけますか？ 今後の参考にさせていただきたいと思います。

If possible, could you please let me know the reason for the cancellation? I would like to use your feedback for future reference.

〈返品を希望されたら〉

返品について承りました。まずはこちらに商品を返送していただけますでしょうか。発送時のレシートを添付いただけましたら、すぐに返金手続きをいたします。よろしくお願いいたします。

I have received your request for a return.
Could you please send the product back to us first? Please attach an image of the shipping receipt. I will process the refund immediately. Thank you.

〈返金したあと〉

いま Etsy 経由で返金手続きを行ないました。ご確認くださいませ。よろしくお願いします。

I have processed the refund via Etsy. Please check and confirm.
Thank you.

7章

海外に
ファンを増やすコツと
楽しさ

Lesson | 01 |

VPNに接続して
自店の立ち位置を確認

　1～6章まで、海外販売の種類や出店、発送方法、便利な機能の使い方を説明してきました。早く行動に移そう！　と前向きに感じていただけたのなら幸いです。

　実際にスタートしてみると、海外販売は意外にも簡単で、難しい点などあまりないことに気づいてもらえると思います。作業の過程で、もっともっと商品を増やしてショップを磨き上げ、ファンを増やしていこうとさまざまなアイデアが膨らんでいくのではないでしょうか。

　ここで私からぜひともおすすめしたいアイデアが、**VPN（仮想専用通信網）に接続して自店の立ち位置を確認すること**です。海外販売は、マーケットの裾野が広いだけに競合も数多く存在します。あなたのお店と同じような商品を扱っている店はすでにたくさんあるはずです。競合にあたるお店がどのようなラインナップを展開しているのか、人気のお店はどんな商品説明文を記載しているのか、価格はどれぐらい違うのか。定期的なチェックが欠かせません。

　お客様がどんなキーワードであなたのお店を訪れているのかも調べましょう。キーワードは Etsy の統計データから確認できます。そのキーワードで検索したときにはたして自分の店は上位に来てい

るのか、いないのか、もし下位にとどまっているなら、その理由はどこにあるのかをリサーチします。

　このときのポイントは、**Etsy の主要なマーケットであるアメリカではどのように見られているのかを探ること**。日本から見てもあまり意味はありません。アメリカ（他の国）に住んでいる人からどう見えるのかを把握しましょう。

　方法としては、**VPN に接続し、位置情報をアメリカに変更します。VPN を使えば、日本であっても IP アドレスの位置情報をアメリカに設定することが可能**なのです。もちろん他の国にも設定できます。ブラウザで検索するときには検索履歴が残らず、ダウンロード履歴や Cookie（クッキー）などを自動的に削除するシークレットモードを用いましょう。

　いつものようにブラウザを立ち上げて検索するだけでは、検索結果がこれまでの検索履歴などに引っ張られてしまいます。そうではなく、VPN+ シークレットモードの併用で「海外から検索するとどう見えるのか」をチェックします（Etsy のアプリの場合は VPN に接続してチェックします）。

　もっとも VPN と一口に言っても玉石混交。セキュリティに不安が残るサービスもあるので、**信頼度の高い VPN を選ぶことが必須**です。最初のうちは長期プランを避けて、月払いができる VPN がいいでしょう。ネットで VPN を検索すると、ExpressVPN や Private Internet Access、NordVPN など、アフィリエイトプログラムに参加している国内の VPN ばかりが紹介されていますが、海

外にもセキュリティが高く無料プランを用意しているスグレモノのサービスがあります。

例えば、私のおすすめはカナダ発の **Tunnel Bear**(トンネルベア)。
https://www.tunnelbear.com/

2GBまで無料で使えるFreeプランと、無制限に使える月額9.99ドル(年払いにすれば月額4.99ドル)のunlimitedプランが揃っています。使い方は極めて簡単でわかりやすくて超可愛い。つなぎたい国を選んで接続すると、クマのキャラクターが目的地までトンネルを掘ってくれます。まずはFreeプランの「Try for Free」で試してみてはいかがでしょうか。

Lesson |02|

質問や問い合わせ、クレームには誠実に対応しよう

すでに他の章でも触れていますが、質問や問い合わせ、クレームがあったらすぐに対応することも重要なポイントです。

・すぐ回答できる内容 ➡ その場で回答
・回答に時間がかかる内容 ➡ まず「追って連絡します」と連絡を入れ、回答を作成したらできるだけ早く伝える

この2つを心がけましょう。「放っておく」「放置する」「何も連絡しない」のは最悪。誠実に正直に対応することが一番です。

海外のお客様は日本人よりもストレートにがんがんと自分の要望や希望を伝えてきそうだから、どんなふうに対応したらいいのかわからない、と聞かれることもありますが、あまり身構える必要はありません。海外のお客様から届いた実際のメッセージを見てみてください。

Hello! I'm leaving for a trip on August 8 and I wanted to check before ordering this product if it will arrive by then.

こんにちは！ 8月8日に旅行に出発する予定ですが、この商品を注文する前に、その日までに到着するか確認したいです。

I do have a question though. I'm not too sure how to use it.

Are there instructions on how to use it？

質問があります。使い方がよくわからないのですが、使用方法についての説明書はありますか？

Is it possible to get the product delivered to Germany?
Would be really grateful if we could find a way!
Best,

商品をドイツに配送することは可能ですか？ もし何か方法があれば本当にありがたいです！

　日本人のように「お世話になります」とか「お忙しいところお手数ですが」のようなフレーズはなく、全体にカジュアルなテイストの文面ですが、決して「厚かましい」とか「図々しい」とか「言いたい放題」なんてことはありません。できないことについては「できません」と伝えればいいのです。ほとんどの場合、「OK. Thanks」という返事が来てあっさりとやりとりは終わります。
　海外販売は発送の手間はかかるかもしれませんが、お客様とのやりとりは慣れてしまえば面倒くさくありません。商品の状態にも日本人ほどうるさくないので、むしろストレスは少ないかもしれません。

Lesson |03|

運営側のおすすめには素直に従うのが得策

　Etsyに店を出すと、操作画面で運営側からのおすすめアドバイスを目にする機会が多いと思います。

　商品の登録画面では「動画付きの商品情報は、写真だけのものより2倍もの注文を得ている」というヒントが紹介されます。動画のアップを推奨するアドバイスがあり、送料プロフィールを作成しようとすると、「アメリカ国内のお客様が35ドル以上をショップで購入された場合、送料が無料になります。あなたのショップの商品は、アメリカ国内の検索結果で優先的に表示されます。これによって、あなたの商品がお客様の目に留まりやすくなりますよ」のような、アメリカへの送料無料をすすめるアドバイスが表示されます。

　基本的にはこうしたアドバイスには素直に従いましょう。ショップの売上が増えればEtsyの利益も上がる。ショップとEtsyはいわば運命共同体です。**過去のデータをもとにしたエビデンスがあれば、すかさずアドバイスを取り入れてみるのは良策**だと思います。

　ただし、値引きやセール、広告は別です。頻繁で過度な値引きやセールはショップブランドを毀損しかねません。広告を打ったり、ディスカウントセールを行なうのであれば期間を決め、結果を検証して次の手につなげてください。

Lesson |04|

 海外ファンのレビューは熱い

　ここまで海外販売のノウハウについていろいろ述べてきましたが、次の点はぜひ知ってください。海外には熱いファンが非常に多いのです！　お客様のすべてがレビューを寄せてくれるわけではありませんが、セラーのモチベーションを強力に上げてくれる長文のレビューが頻繁に届きます。
　実際に寄せられたレビューをいくつかご紹介しましょう。

Waited a while after receiving the product to leave a review because I wanted to actually use it first.The homemade guide on how to use it is also very handy, perfect for someone new like me. Thank you for making the whole process very beginner-friendly, and for following up on all my questions very promptly. I highly recommend this store!!

実際に商品を使ってからレビューを書こうと思っていたので、少し遅くなりましたが、使い方の手づくりガイドもとても役立ち、初心者の私には完璧でした。初心者に優しいプロセスを提供し、すべての質問に迅速に対応してくれてありがとう。このお店を強くおすすめします！！

It came a lot faster than I expected something would have coming from Japan. It looks beautiful and nicely made. I haven't used it yet since it's a birthday present for my partner. Looking forward to taking this product with us on our excursions. I would definitely buy from this seller again.

日本から発送される商品としては予想よりもずっと早く届きました。見た目も美しく、きれいにつくられています。まだ使っていませんが、これはパートナーへの誕生日プレゼントです。この商品を持って冒険に出かけるのが楽しみです。この販売者からはぜひまた購入したいと思います。

Beautiful product! This one is in wonderful condition for a great price! It looks fantastic. The seller did an excellent job with communication and troubleshooting when an issue arose. She also provided a user manual and helpful videos. I couldn't be happier with my purchase. I can't wait to use it next weekend.

美しい商品です！　状態もよくてお手頃価格です。見た目も素晴らしいです。販売者は、問題が発生した際のコミュニケーションとトラブルシューティングが非常に優れていました。さらに、ユーザーマニュアルや役立つ動画も提供してくれました。購入に大満足です。来週末に使用するのが待ち遠しいです。

The product is absolutely beautiful! I cannot wait to use it. It arrived quickly. The shop owner was very helpful with any problems I ran into and took care of the problems very quickly. 1000% recommend!

商品は本当に美しいです！　使うのが待ちきれません。すぐに届きました。ショップオーナーは私が直面した問題に非常に親切に対応してくれ、迅速に解決してくれました。1000％おすすめします！

　日本の minne や Creema に寄せられるレビューとの違いにお気づきでしょうか。日本の場合、「すごく可愛いです。大切に使います。ありがとうございました」といった自分の感想を述べたレビューが多いのに対して、Etsy では、商品の何がどうよくて、どんな点が気に入ったのか、ショップオーナーの対応はどうだったのかを伝え、「このお店を recommend（おすすめ）します」とまとめるレビューが目立ちます。日本と海外のどちらがよい悪いということではありませんが、レビューの本来の役割が購入を思い立ったときの参考材料であることを考えると、Etsy で届くレビューのほうがレビューの原点に近いように思います。

　商品が届いて開封したときの写真、実際に使った写真を添付したレビューも数多く届きます。そうしたレビューを見た新規のお客様から、「あなたのお店のレビューはアメージングね。到着が待ちきれないわ」とメッセージが届くケースも多々あります。新たなお客

様の集客につながるレビュー、読んで思わずじーんとするレビュー。これこそが海外販売の醍醐味です。世界に自分の店のファンが広がっていることを実感できて胸が熱くなります。

あなたのお店にもきっとこうしたレビューが集まります。地球を舞台にファンを広げていくことができます。まずは少しずつ。地道にレビューを蓄積していきましょう。

7章　海外にファンを増やすコツと楽しさ

Thank you!

海外で自分の作品が使われている実感に感動します

Lesson |05|

 もし悪いレビューが
ついてしまったら

　もし悪いレビューがついたら……。Etsy は 5 段階評価ですが、1 つ星や 2 つ星がつくことは通常はほとんどないと思います。しかし、気になる方は発送時のメッセージに次の一文を付け加えるといいでしょう。

If you have any concerns about the product, please let us know before leaving a review.

もし商品について何か気になる点があれば、レビューの前にお知らせください。

　しかし、低評価のレビューを完全に回避することはできません。ときとしてショップ側には何の非もないにもかかわらず、最低のひとつ星評価を受けてしまうことがあります。

　例えば次のようなケースです。EMS で発送した商品がお客様の家に配達されたものの、いつも本人が不在で郵便局に持ち帰られ、結局「保留」状態になりました。しかし、不在通知がないので本人は配達されていたと気づいていません。そのうちに「保留」期間が過ぎた商品はセラーの元に送り返され、それを知ったお客様は「シ

ョップのせいだ」と考え、「商品が届かなかった」という怒りのひとつ星レビューを投稿しました。

さて、この場合、バイヤーはどうするべきなのでしょうか。
　基本的には、Etsy のポリシーに違反していない限り、低評価のレビューを削除することはできません。商品の情報を偽っていたり、知的財産権を侵害しているような商品でない限りはレビューはそのまま残ると考えてください。
　また、ショップ側がお客様とやりとりをして事情を話し、削除を依頼することもできますが、前述のケースでは先方はショップ側の責任だと決めつけていたため削除はかないませんでした。

　ショップ側とすれば納得いかない話です。しかし、販売数が増えていくとどうしてもこのようなレビューも届きます。**マイナスの評価は、よい評価をたくさん積み上げ薄めていくしかありません。**

　これは Etsy だけではなく、国内のハンドメイドマーケットプレイスでも同様です。低い評価を受けたら、それは自らを見直すよい機会だとポジティブに考えて改善につなげていくことをおすすめします。
　先に紹介したケースでは、ショップはひとつ星レビューを契機にお客様がちゃんと商品を受け取っているか、受け取っていないなら現在の荷物のステイタスはどうなっているのかをこまめに確認するようになり、保留の場合にはお客様に受け取りを促すメッセージを送るようにしました。

Lesson |06|

クオリティと
ホスピタリティが揃えば
必ず道は拓ける

　海外販売における日本のハンドメイド作家のポテンシャルは非常に高い、と私が確信しているのは、商品のクオリティだけでなくホスピタリティもとても高いからです。

　minne や Creema のショップで買い物をすると、「お買い上げありがとうございました。発送予定日は◯日です。これから発送の準備に入りますので少々お待ちいただけますでしょうか。発送したらすぐにお知らせいたします。楽しみにお待ちくださいませ」といった趣旨のメッセージが届くのが一般的です。発送したらすぐに連絡が入り、何か質問をすれば迅速に回答が返ってきます。商品の梱包も丁寧かつ安心で、ショップのイメージに沿った魅力的なラッピングが施されています。手書きのメモが添えられていることもよくあります。日本の消費者はそれらを当たり前のようにとらえているのではないでしょうか。

　買い物をしたのだから当然の対応じゃないの？　私も Etsy で買い物をする前まではそんなふうに考えていました。きめ細かく対応するのがショップの常識だと。しかし、実際に Etsy で商品を買ってみると、購入に対してのお礼のメールも「発送しました」のメッセージもあまり届きません。注文時や発送時に Etsy から自動的に送られてくるメッセージを除けばナシのつぶて。そうしたケースの

ほうが多いのです。

　このプラットフォームに、商品の質が高くて個性的で魅力的でホスピタリティまで高い日本のお店が出店したらどうなるのか。期待が高まってきませんか？　少し時間はかかるかもしれませんが、**すでに出ているお店といい勝負になる、あるいはそれ以上にファンを増やせるのではないか**と思うのです。

　クオリティとサービスが兼ね備わっていれば鬼に金棒。怖いものなしです。海外販売なんて自分には縁がない、難しそう、何かトラブったら困る。起きてもいないことを過度に心配するのはやめにして、一歩踏み出してみませんか。あなたのお店の実力を国内市場だけで眠らせてしまうのは惜しすぎます。海外販売で新たな道を切り拓き、確かな成果を手にしてください。

海外販売で
日本のホスピタリティを
発揮しよう！

著者略歴

三田村蕗子（みたむら　ふきこ）

津田塾大学学芸学部卒業。マーケティング会社、出版社などを経てフリーに。主にビジネス系メディアや書籍の取材・ライティングで活動中。著書多数。趣味は海外旅行（45カ国達成）。飛行機と空港をこよなく愛し、旅先で小物やアクセサリー、インテリア雑貨を見てまわるのも大好物。縁あってハンドメイド品の海外販売に携わるようになり、Etsyを開拓。海外販売を考えている人にEtsyを活用することの面白さ、楽しさ、醍醐味を伝えている。

私にもできる！お客様が世界に広がる！
ハンドメイド作家　海外販売ガイド

2025年3月7日初版発行

著　者 ──── 三田村蕗子

発行者 ──── 中島豊彦

発行所 ──── 同文舘出版株式会社
　　　　　　　東京都千代田区神田神保町1-41　〒101-0051
　　　　　　　電話　営業 03 (3294) 1801　編集 03 (3294) 1802
　　　　　　　振替 00100-8-42935
　　　　　　　https://www.dobunkan.co.jp/

©F.Mitamura　　　　　　　ISBN978-4-495-54175-0
印刷／製本：萩原印刷　　　Printed in Japan 2025

JCOPY ＜出版者著作権管理機構　委託出版物＞

本書の無断複製は著作権法上での例外を除き禁じられています。複製される場合は、そのつど事前に、出版者著作権管理機構（電話 03-5244-5088、FAX 03-5244-5089、e-mail: info@jcopy.or.jp）の許諾を得てください。